MANUEL DE GESTION DU DÉVELOPPEMENT

CAS DE LA GUINÉE

Mama Kanny DIALLO
avec la collaboration de Sylvain Théodule DEGBE

MANUEL DE GESTION DU DÉVELOPPEMENT

CAS DE LA GUINÉE

Préface de Mamady YOULA

L'Harmattan

http://www.editions-harmattan.fr
ISBN : 978-2-336-48265-1
EAN : 9782336482651

SOMMAIRE

LISTE DES ENCADRÉS

LISTE DES ACRONYMES

ACP	Afrique Caraïbes Pacifique
AE/CP	Autorisation d'Engagement/Crédit de Paiement
ANAFIC	Agence Nationale de Financement des Collectivités locales
ANE	Acteurs Non-Étatiques
ASR	Analyse de la Situation de Référence
BAD	Banque africaine de Développement
BADEA	Banque arabe pour le Développement économique en Afrique
BCRG	Banque Centrale de la République de Guinée
BID	Banque Islamique de Développement
BND	Budget National de Développement
BSD	Bureau de Stratégie et de Développement
BTAP	Bureau Technique d'Appui à la Programmation
CAD	Comité d'Aide au Développement
CBMT	Cadre Budgétaire à Moyen Terme
CCB	Comité Consultatif de Base
CCL	Code des Collectivités Locales
CMP	Cadre de Mesure de Performance
CDLT	Cadre de Développement à Long Terme
CDMT	Cadre de Développement à Moyen Terme
CFAP	Classification des Fonctions des Administrations Publiques
CND	Commission Nationale du Développement
CNRD	Comité National du Rassemblement pour le Développement
CNS	Conseil National de la Statistique
COP	Conférence des Parties à la Convention-Cadre des Nations Unies sur le Climat
CoPil	Comité de Pilotage
COS	Comité d'Orientation et de Supervision
CPIA	Country Policy and Institutionnal Assessment

DISE	Dispositif Institutionnel de Suivi et d'Évaluation
DNIP	Direction Nationale des Investissements Publics
DNPP	Direction National du Plan et de la Prospective
DOB	Débat d'orientation Budgétaire
DSRP	Document de Stratégie de Réduction de la Pauvreté
ENP	Étude Nationale Prospective
EPA	Établissement Public Autonome
EPI	Évaluation des Politiques et des Institutions
EU	États-Unis
FAS	Facilité d'Ajustement Structurel
FASR	Facilité d'Ajustement Structurel Renforcée
FFOM	Forces, Faiblesses, Opportunités et Menaces
FINEX	Financement Extérieur
FMI	Fonds Monétaire International
GAR	Gestion Axée sur les Résultats
GC	Groupe Consultatif
GEP	Groupe d'Étude Prospective
GIP	Gestion des Investissements Publics
IA	Intelligence Artificielle
IDH	Indice de Développement Humain
INS	Institut National de la Statistique
LORF	Loi Organique Relative aux lois de Finances
MACTOR	Méthode, Acteurs, Objectifs, Rapport de force
MdP	Ministère du Plan
MPCI	Ministère du Plan et de la Coopération internationale
MEF	Ministère de l'Économie et des Finances
MICMAC	Multiplication matricielle à impact appliquée au modèle de classification
MPDE	Ministère du Plan et du Développement Économique
MSEGUI	Modèle de Simulation de l'Économie Guinéenne
MVE	Maladie à Virus Ébola
NEPAD	Nouveau Partenariat pour le Développement de l'Afrique

NLTPS	National Long Term Perspectives Studies
OCDE	Organisation pour la Coopération et le Développement Économique
ODD	Objectifs de Développement Durable
OMD	Objectifs du Millénaire pour le Développement
ONG	Organisation Non-Gouvernementale
OSC	Organisations de la Société Civile
PAP	Projet Annuel de Performance
PAS	Programme d'Ajustement Structurel
PdA	Plan d'Action
PED	Plan d'Engagement des Dépenses
PGRH	Plan de Gestion des Ressources Humaines
PIB	Produit Intérieur Brut
PIMA	Public Investment Management Assessment
PIP	Programme d'Investissement Public
PIMI	Public Investment Management Index
PMA	Pays Moins Avancés
PND	Plan National de Développement
PNDES	Plan National de Développement Économique et Social
PNGD	Politique Nationale de Gestion du Développement
PNI	Programme National d'Investissement
PNUD	Programme des Nations Unies pour le Développement
PPBSE	Planification, Programmation, Budgétisation, Suivi et Évaluation
PPM	Plan de Passation des Marchés
PPP	Partenariat Public Privé
PPTE	Pays Pauvres Très Endettés
PQ	Plan Quinquennal
PREF	Programme de Réformes Économiques et Financières
PRI	Programme de Référence Intérimaire
PT	Plan de Trésorerie
PTBA	Plan de Travail et Budget Annuel
PTF	Partenaires Techniques et Financiers
RAP	Rapport Annuel de Performance

RGGBCP	Règlement Général de la Gestion Budgétaire et de la Comptabilité Publique
SIGPIP	Système Intégré de Gestion du Programme d'Investissement Public
SNAT	Schéma National d'Aménagement du Territoire
SNP	Système National de Planification
SP-CND	Secrétariat Permanent du Comité National de Développement
SP-SRP	Secrétariat Permanent de la Stratégie de la Réduction de la Pauvreté
SSN	Système Statistique National
ST-PNDES	Secrétariat Technique du PNDES
SWAp	Sector Wide Approach
TOFE	Tableau des Opérations Financières de l'État
UA	Union Africaine
UE	Union Européenne
VIH/SIDA	Virus d'Immunodéficience Humaine / Syndrome Immunodéficience Acquise

PRÉFACE

Cher lecteur, en produisant le présent manuel sur la gestion du développement en Guinée, la ministre Mama Kanny DIALLO a posé à la fois, un acte de générosité et un acte pour la postérité. Un acte de générosité pour avoir fait l'option de partager les réussites et les défis de ses expériences gouvernementales aussi bien les bonnes pratiques que les écueils. Un acte pour la postérité en ce que ce manuel contribue à travers sa portée didactique, à renforcer les capacités des gestionnaires du développement d'aujourd'hui et de demain.

C'est avec une grande fierté donc que je vous présente ce manuel, écrit par une cadre chevronnée, dotée d'un leadership qui s'est affirmé au fil du temps dans ses hautes fonctions de ministre du Plan et de la Coopération Internationale. Je suis honoré par ailleurs, d'avoir eu l'opportunité de travailler avec elle, à ce niveau de responsabilité, en tant que Premier ministre. En tant que membre éminente de l'équipe gouvernementale que j'avais l'honneur de diriger, la ministre Mama Kanny DIALLO a fait montre de disponibilité, de talent et de dévouement, des qualités qui se sont concrétisées avec la production de cet ouvrage. Je m'en voudrais, en ayant l'opportunité de parler d'elle, de ne pas mentionner son caractère intrépide et sa détermination sans faille à surmonter les obstacles.

Incontestablement, ce manuel est le fruit d'un travail acharné, de recherches approfondies et d'une passion inébranlable pour la gestion du développement en général, et du développement de la Guinée en particulier. L'autrice a consacré de nombreuses heures à rassembler les informations les plus pertinentes, à les organiser de manière logique et à les présenter de manière claire et accessible. Le présent manuel qui est le fruit de ce travail, est conçu pour être une ressource complète et pratique, offrant des connaissances approfondies ainsi que des exemples concrets et des conseils précieux.

J'espère sincèrement qu'il vous aidera à approfondir votre compréhension du sujet et à développer vos compétences dans ce domaine. Je tiens également à exprimer ma gratitude envers toutes les personnes qui ont contribué à la réalisation de ce manuel, qu'il s'agisse des personnes-ressources qui ont partagé leur expertise, des relecteurs qui ont apporté leurs suggestions ou des collègues qui ont offert leur soutien tout au long du processus.

Cordialement,

Mamady YOULA
Ancien Premier ministre

AVANT-PROPOS

En janvier 2016, le Président de la République, Son Excellence le professeur Alpha CONDÉ m'a fait l'honneur de me nommer aux hautes fonctions de ministre du Plan et de la Coopération Internationale. C'est ainsi que conformément à la tradition républicaine de notre pays, le Premier ministre, Chef du Gouvernement, m'a adressé une lettre de mission dans laquelle il m'assignait entre autres priorités, de finaliser l'Étude Nationale Prospective (ENP) Guinée-2040, et d'élaborer le Plan National de Développement Économique et Social (PNDES) 2016-2020, dans un délai de six (6) mois.

Ce fut le début d'une expérience gouvernementale intense, passionnante, mais pleine de défis, qui aura duré plus de 5 années et demie. Avec le recul que permet ma position actuelle, je peux être fière des efforts déployés avec l'ensemble de mes collaborateurs, pour atteindre, voire, dépasser les résultats attendus par nos autorités, et ce, dans le respect de l'échéance fixée. Derrière ces résultats à l'allure d'une prouesse, au regard des défis institutionnels et techniques, qu'il eût fallu relever, il y a une démarche, à la fois, structurée, méthodique et inclusive.

La démarche structurée a consisté à organiser ces travaux de réflexions et de planification suivant les standards méthodologiques généralement agréés dans ce genre d'exercices. L'ENP a ainsi été réalisée suivant l'approche préconisée par « Futurs Africains » pour les Études Nationales de Perspectives à Long Terme (NLTPS). En outre, c'est une démarche stratégique qui a sous-tendu l'élaboration du PNDES 2016-2020, et permis de fixer les orientations et les axes d'interventions du Plan, autour d'une analyse diagnostique approfondie, mettant clairement en évidence, les enjeux du développement du pays.

La démarche méthodique renvoie à l'approche séquentielle qui a guidé l'obtention de ces différents produits et favorisé la mise en place d'un cadre de cohérence temporelle pour la gestion du développement sur un horizon de 25 ans. En effet, il a fallu la Vision 2040 qui est la conclusion ultime de l'ENP, pour éclairer les choix stratégiques du PNDES 2016-2020. Il a fallu ce PNDES, pour orienter la sélection des projets prioritaires regroupés dans le Programme National d'Investissement (PNI). Il a fallu disposer de ce PNI pour sous-tendre le gap de financement présenté à la réunion du Groupe Consultatif (GC) sur le PNDES.

Quant à la démarche inclusive, elle réside dans l'implication systématique, dans ces processus techniques, de tous les acteurs du développement. En priorité, les Bureaux de Stratégie et de Développement (BSD) des ministères, ont été préalablement et progressivement renforcés pour participer activement à ces exercices. Les structures déconcentrées du Ministère du Plan ont également été mises à contribution tout le long de ces processus. Parallèlement, des concertations permanentes avec les Acteurs Non-Étatiques (ANE), que sont les partenaires techniques et financiers, les acteurs de la société civile et du secteur privé, ont par leur participation effective assuré la légitimité du PNDES.

Pour ma part, cette démarche ainsi que les résultats tangibles auxquels elle a conduit, constituent une somme d'expériences en matière de planification, de programmation, de budgétisation, de suivi et d'évaluation qui mérite d'être capitalisée. Le but recherché est d'éviter aux services compétents de l'administration publique guinéenne, de « réinventer la roue » à chaque cycle de planification ou dans la gestion quotidienne du développement. C'est pourquoi, j'ai pris l'initiative à travers cet ouvrage, de documenter ces expériences, afin qu'elles servent de référence ou d'inspiration pour les praticiens, mais aussi de socle, pour la mise en place à terme, d'un cadre pérenne de gestion du développement.

Mama Kanny DIALLO
Anicienne Ministre du Plan et du Développement Économique

INTRODUCTION

Ce manuel est le recueil de mes principales réalisations en tant que Ministre du Plan et de la Coopération Internationale de janvier 2016 à 1018 et Ministre du Plan et du Développement Économique de 2018 à 2021. Il se veut un retour d'expérience destiné à inspirer les décideurs publics et les praticiens de tous horizons intéressés par les questions du développement de la Guinée. Il n'a donc pas vocation à prescrire une manière de faire particulière. Ses seules motivations sont le désir de partage et le devoir de transmission.

Le présent manuel est destiné de façon spécifique, aux gestionnaires du développement, nationaux ou étrangers, qu'ils proviennent de l'administration publique, du secteur privé, de la société civile ou des institutions financières internationales et des agences de coopération bilatérale ou multinationale. Il met l'accent sur les bonnes pratiques à promouvoir et les écueils à éviter dans l'exercice des fonctions clés de la gestion du développement que sont la planification, la programmation, la budgétisation, le suivi et l'évaluation (PPBSE).

Il convient de rappeler le contexte qui prévalait à l'avènement en 2010, de la 3e République, régime politique sous lequel j'ai été appelée à exercer mes fonctions ministérielles. Ce rappel est utile pour permettre au lecteur, d'apprécier d'où venait la Guinée et quelles ont été, en ma modeste position, mes contributions aux progrès qu'elle a enregistrés sur la période 2015-2021, dans sa marche vers l'émergence et la prospérité à l'horizon 2040, vision du futur à laquelle aspire les Guinéens.

Sur le plan politique, une transition était en cours après la prise du pouvoir par la junte militaire en 2008. Souvenons-nous aussi, qu'en réaction à ce coup d'État, la plupart des programmes de coopération avec les Partenaires Techniques et Financiers (PTF), furent suspendus. Une suspension qui fut renforcée, à la suite des évènements du 28 septembre 2009, par des sanctions politiques ayant conduit à un isolement diplomatique du pays par la communauté internationale.

Pour un pays fortement dépendant pour son développement, des financements extérieurs, cette situation a eu des conséquences néfastes sur la dynamique de la croissance économique, sur les grands équilibres financiers de l'État et partant sur les conditions de vie des populations. Ainsi en 2009[1] : (i) le taux de croissance du Produit Intérieur Brut (PIB) était négatif (-1,1 %) ; (ii) le revenu par tête était en net recul (-3,4 %) ; (iii) la pauvreté s'est aggravée touchant 3 Guinéens sur 5 ; et (iv) les réserves de change s'étaient amenuisées, représentant environ un (1) mois d'importations contre le minimum admis de 3 mois.

C'est dans cet environnement politico-économique, que se sont tenues les élections démocratiques de 2010, consacrant le retour à l'ordre constitutionnel et l'avènement de la 3e République. Cette nouvelle phase de la vie politique de la Guinée, fut le début de grandes réformes économiques et financières. Ces réformes ont permis de stabiliser le cadre macroéconomique, d'améliorer le climat des affaires, de renouer les relations avec les PTF, et d'atteindre le point d'achèvement de l'Initiative en faveur des Pays Pauvres Très Endettés.

Il en a résulté la relance des programmes de coopération et une reprise de l'activité économique avec un taux de croissance du Produit Intérieur Brut qui s'est établi à 5,4 % en moyenne sur la période 2010-2012. Malheureusement, cette dynamique a été contrariée par la baisse des cours des minerais sur le marché international, les tensions socio-politiques consécutives aux élections législatives de 2013, l'apparition de la maladie à virus Ébola (MVE), provoquant une décélération de la croissance du Produit intérieur brut qui s'est établie à 3,8 % en moyenne, sur l'ensemble de la période 2013-2015.

Mais globalement, le cadre macroéconomique est resté stable sous-tendu par : (i) l'impact positif de l'annulation en 2012, de la

---

[1] Source : Ministère du Plan – Plan quinquennal 2011-2015

dette de la Guinée, au titre de l'Initiative PPTE ; (ii) l'important appui de la Communauté internationale, de l'ordre de 705 millions de dollars des États-Unis, obtenu dans le cadre de la crise provoquée par la Maladie à Virus Ebola, à la suite des conférences de Bruxelles en mars, de Washington en avril et de New York en juillet 2015.

Devenue membre du gouvernement en janvier 2016, j'avais très tôt compris, des missions qui m'ont été assignées, qu'il fallait au regard du contexte, me donner une feuille de route dont l'objectif serait de réformer le Système National de Planification (SNP) tout en déployant le Système Statistique National (SSN) conformément à la loi. Ce qui permettrait de : (i) doter le pays d'un cadre pérenne de gestion du développement ; (ii) répondre de façon structurée, à une situation de fragilité devenue systémique ; (iii) capturer le dividende démographique ; (iii) opérer la transformation structurelle de l'économie ; et (v) gérer de façon rationnelle son capital naturel. Cette feuille de route telle que conçue et mise en œuvre s'articulait autour de deux (2) axes : (i) les arrangements institutionnels ; et (ii) les processus techniques.

Les arrangements institutionnels ont été nécessaires pour formaliser les interactions entre les acteurs de la chaîne PPBSE. Ils feront l'objet de la première partie de ce manuel (partie 1). Les processus techniques ont consisté en des travaux analytiques, la production de référentiels et le dialogue de partenariat. Cet axe sera présenté en cinq (5) parties : les concepts clés de la gestion du développement (partie 2) ; l'Étude Nationale Prospective (partie 3) ; l'élaboration du Plan National de Développement à moyen terme (partie 4) ; la Gestion des Investissements Publics, (partie 5) ; et la mobilisation des ressources extérieures, pour le financement développement (partie 6).

1. Arrangements institutionnels

Un diagnostic sommaire réalisé au début de 2016 a permis de constater que la gestion du développement était caractérisée par une dualité institutionnelle, une multiplicité d'acteurs travaillant pour la plupart en silo, et des vides structurels. Il fallait donc apporter une réponse immédiate à cette situation en procédant à des arrangements institutionnels dans le but de dynamiser les fonctions de PPBSE et de statistique.

1.1. Domaine de la planification

Dans le domaine de la planification, le cadre institutionnel était fragmenté. Il y avait, d'un côté, le Secrétariat Permanent de la Stratégie de Réduction de la Pauvreté (SP-SRP), relevant du Ministère en charge des Finances (MEF), et de l'autre, la Direction Nationale du Plan et de la Prospective (DNPP), sous la tutelle du Ministère en charge du Plan (MdP).

Cette fragmentation était illustrative de la coexistence du Document de Stratégie de Réduction de la Pauvreté (DSRP) avec le Plan Quinquennal de développement 2011-2015. Il est à rappeler que les DSRP avaient été adoptés à la suite de l'éligibilité de la Guinée, à l'Initiative des Pays Pauvres Très Endettés (PPTE) au début des années 2000.

La Guinée a connu ainsi 3 générations de DSRP avant de renouer avec les plans à partir de 2011. Le processus autour des DSRP était conduit par le SP-SRP au niveau du ministère en charge des finances. Tandis que celui des plans était placé sous la coordination technique de la DNPP, au niveau du ministère en charge du plan.

Un autre constat était que le Système National de Planification n'était pas structuré, et la planification sectorielle était inopérante. Les Bureaux de Stratégie et de Développement

(BSD) nouvellement créés, n'avaient pas encore les capacités suffisantes pour jouer leur rôle de relai du MdP au sein des départements ministériels.

Au même moment, les échelons déconcentrés représentés pas les Inspections Régionales, les Directions Préfectorales et les Directions Communales du Plan étaient déconnectées de la DNPP. Ils étaient, pour la plupart, dans un état léthargique, que la mise en application du Code des Collectivités Locales est venue compliquer.

L'existence d'un organe central d'orientation et de veille stratégiques faisait également défaut au SNP. Il fallait pour combler ce vide, recourir à des structures ad hoc qui, par la suite, se sont avérées difficiles à pérenniser en raison d'imprécisions dans leurs attributions et de manque de moyens organisationnels et matériels.

Un tel environnement institutionnel n'était pas propice à l'atteinte des objectifs assignés par les autorités Gouvernementales, de réaliser l'Étude Nationale Prospective Guinée-2040, puis d'élaborer, de suivre et d'évaluer, le Plan National de Développement Économique et Social (PNDES) 2016-2020.

Pour y remédier, une batterie de mesures de réformes institutionnelles ont été mises en œuvre dont les principales étaient : (i) la mise sous tutelle du Ministère en charge du Plan, du SP-SRP ; (ii) le renforcement des capacités des BSD ; et (iii) la redynamisation des Inspections Régionales et des Directions Préfectorales du plan.

En plus de ces mesures, il a fallu également combler les vides structurels ainsi que les faiblesses des capacités institutionnelles, par la création de : (i) la Commission Nationale du Plan ; et (ii) la taskforce pour conduire le processus d'élaboration du PNDES ; ainsi que des comités ad hoc pour la réalisation de l'Étude Nationale Prospective.

1.2. DOMAINE DE LA PROGRAMMATION

Le domaine de la programmation était caractérisé par une dualité institutionnelle. Deux directions nationales s'occupaient des investissements : la Direction Nationale de la Programmation des Investissements Publics, du Ministère en charge du Plan (MdP), et la Direction Nationale des Investissements, du ministère de l'Économie et des Finances (MEF).

D'autres contraintes ont été également mises en évidence. Il s'agissait de : (i) l'incoordination des acteurs impliqués dans le cadrage macroéconomique ; (ii) les faibles capacités en matière de maturation et d'exécution des projets ; et (iii) l'inexistence d'une solution informatique pour la programmation, la budgétisation et le suivi d'exécution des projets

La réponse à cette situation fut des réformes consistant dès avril 2016, à procéder à la fusion et à l'intégration au sein du MdP, des deux ex-Directions en charge des investissements publics et qui relevaient respectivement du MdP et du MEF. Ainsi fut créée la Direction Nationale des Investissements Publics (DNIP).

Cette fusion constituait un véritable facteur de rationalisation du système de gestion des investissements publics car elle mettait fin à la redondance des structures et à un processus d'arbitrage à deux niveaux qui était à la fois contraignant et inefficace. Il affectait particulièrement la crédibilité du processus d'élaboration du budget d'investissement.

Par la suite, il a fallu mettre en place le Comité interministériel de cadrage macroéconomique pour mieux coordonner les différents intervenants. L'objectif visé étant d'œuvrer à la mise en cohérence des comptes macroéconomiques, un prérequis pour rationaliser les choix budgétaires dans une perspective de soutenabilité des finances publiques.

Une autre réforme a consisté en la création du Bureau Technique d'Appui à la Programmation (BTAP). La finalité était de renforcer les capacités du MdP en vue d'améliorer la qualité du Programme d'Investissement Public (PIP), à travers la maîtrise par les sectoriels, des techniques de maturation des projets en général, et d'études de faisabilité, en particulier.

S'agissant de la solution informatique, la réponse a été de créer un service dédié : le Système Intégré de Gestion des Investissements Publics (SIGPIP), chargé d'administrer la plateforme informatique déployée avec l'appui des PTF. Sa mission étant de fournir en temps réel, des informations pour la programmation, le suivi et l'évaluation des projets d'investissement.

1.3. DOMAINE DE LA STATISTIQUE

De tous les domaines de compétences du ministère en charge du plan, celui de la statistique était le mieux encadré par les textes légaux et règlementaires. La loi statistique L/2014/019/AN du 8 juillet 2014, portant organisation et réglementation des activités statistiques, est le cadre légal qui régit le Système Statistique National (SSN).

Selon l'article 3 de cette loi, le SSN comprend : (i) le Conseil National de la Statistique (CNS) ; (ii) l'Institut National de la Statistique (INS) ; (ii) les services statistiques des ministères et des organismes publics et parapublics ; (iii) les organismes privés agréés ; et (iv) les institutions nationales de formation des statisticiens et démographes.

Le CNS est l'organe du SSN chargé de la coordination de toutes les activités de production et de diffusion des données statistiques. Il est composé d'un secrétariat permanent, d'une assemblée plénière, d'un comité technique et de cinq commissions thématiques. L'INS, quant à lui est la structure technique de référence et l'organe exécutif central du SSN.

La loi statistique de 2014, est venue renforcer le décret D/078/PRG/CNDD/SGG/2010 du 10 mai 2010, qui a érigé la Direction Nationale de la Statistique (DNS) en institut

(INS) sous la forme d'un établissement public à caractère administratif (EPA). Ses organes de gestion étant le Conseil d'administration (CA) et la Direction générale.

Si le point fort de ce domaine de compétence est l'existence d'un cadre légal et règlementaire, son point faible était la lenteur dans l'application des dispositions de ces loi et règlements. Ainsi pendant longtemps, le CNS n'était pas opérationnel. Cela a eu un impact négatif sur la programmation, le suivi et le financement des activités statistiques.

La priorité dès lors, a été de lever cette contrainte. C'est ainsi que le MdP a pu organiser sous la présidence du Premier ministre, Chef du Gouvernement, une session du CNS en 2018, conformément aux dispositions de la loi statistique. Ce fut la deuxième session du CNS, dans l'histoire du SSN. Il est à rappeler que la première session du CNS remonte à l'an 2000.

1.4. Domaine du suivi et de l'évaluation

Dans ce domaine, les constats révèlent que tous les décrets qui régissent l'organisation du MdP, lui ont toujours conféré des attributions suffisamment explicites en matière de suivi et d'évaluation des politiques de développement (plans, programmes et projets). En revanche, ces attributions ne sont pas exclusivement dédiées à une direction nationale spécifique.

Ainsi, contrairement aux bonnes pratiques, la DNPP qui élabore les plans de développement, s'occupait également de son suivi et de son évaluation. De même la DNIP faisait le suivi et l'évaluation des projets d'investissement. De ce fait, les deux fonctions d'élaboration, d'une part, et de suivi-évaluation, d'autre part, sont confondues au sein des mêmes directions.

L'autre constat était que, de toutes les politiques de développement menées en Guinée, seuls le suivi et l'évaluation de la Stratégie de Réduction et de la Pauvreté, avaient été institutionnalisés à travers le SP-SRP. C'est pour capitaliser cet acquis, que fut créé pour le suivi et l'évaluation du PNDES, un Secrétariat Technique (ST-PNDES).

Mais traiter le suivi et l'évaluation comme un appendice des cadres nationaux de développement (DSRP ou PNDES) est sous-optimal. Il y a plutôt, nécessité d'institutionnaliser cette fonction, c'est-à-dire de la faire porter par une direction dédiée. C'est pourquoi, dans le texte organique de 2021, régissant le MdP, une Direction Nationale de Suivi-évaluation des politiques de développement a été créée.

La mission dévolue à cette direction était de coordonner toutes les activités de suivi et d'évaluation des politiques de développement, à savoir : (i) le suivi des tendances et des cibles de développement (PNDES et ODD) ; (ii) le suivi d'exécution des projets, programmes et réformes ; et (iii) l'évaluation d'impact.

1.5. Dispositifs institutionnels ad hoc

Pour combler les vides structurels et les déficits de capacités des directions compétentes du MdP, l'option a été faite de mettre en place des institutions *ad hoc* pour la plupart des processus techniques engagés. : Étude Nationale Prospective (ENP), PNDES 2016-2020, et Réunion du Groupe Consultatif (RGC).

Ainsi le dispositif institutionnel de l'ENP comprenait : (i) un Comité de Pilotage ; (ii) une Cellule Technique Prospective ; et (iii) un Groupe d'Étude Prospective. Celui du PNDES, avait 4 niveaux : (i) validation ; (ii) pilotage ; (iii) technique ; et (iv) concertation. Et celui de la RGC comprenait 2 comités : (i) l'un pour le pilotage ; et (ii) l'autre pour les aspects techniques.

C'est dans cette même logique que pour pallier les faibles capacités nationales en matière de suivi et d'évaluation, un Dispositif Institutionnel de Suivi et d'Évaluation du PNDES (DISE) avait été créé. Sa mission était de structurer et d'animer le dialogue sur la performance du Plan entre le Gouvernement d'un côté, et les Acteurs Non-Étatiques, de l'autre côté.

Le DISE est organisé en quatre (4) niveaux : le premier niveau s'occupe du pilotage de la mise en œuvre du PNDES. Le deuxième niveau en assure le suivi technique. Le troisième niveau organise le dialogue autour des performances du PNDES, selon les grandes priorités du Plan regroupées en thématiques. Le quatrième niveau est celui de la mise en œuvre.

1.6. VERS UNE BONNE GOUVERNANCE DES POLITIQUES DE DÉVELOPPEMENT

La multiplication des cadres institutionnels *ad hoc* génère d'importants coûts de transactions dus aux nécessaires arbitrages politiques et aux incessants ajustements d'attributions entre entités administratives. Le recours systématique à de tels arrangements est caractéristique de la fragilité de l'État en Guinée, avec comme conséquences : une instabilité institutionnelle permanente, source d'inefficacité dans la chaîne PPBSE et dans gestion du développement, en général.

Une solution durable à cette situation passe par l'amélioration de la gouvernance des politiques de développement. Une loi doit être votée à cet effet, assortie de décrets d'application. L'objet de ces décrets devant être de cadrer les instruments institutionnels et techniques de mise en œuvre de cette loi.

1.6.1. Dispositions institutionnelles de la loi sur la gouvernance des politiques de développement

Sur le plan institutionnel, deux instruments doivent être prévus par la loi sur la gouvernance des politiques de développement, à savoir : (i) la Commission Nationale du Développement (CND) ; et (ii) les secteurs de planification.

Ces arrangements institutionnels n'auront d'impact significatif que s'ils sont opérés dans une perspective plus large de recentrage du rôle de l'État dans la gestion du développement. L'État guinéen doit ainsi devenir plus résilient, en évoluant du

« néo-patrimonialisme » des premières décennies d'indépendance, au développementalisme. Seule issue lui permettant d'accélérer la modernisation et la transformation structurelle du pays afin d'améliorer les conditions de vie de sa population et de renforcer sa position sur la scène internationale. L'État doit être par ailleurs, au centre d'un partenariat plus renforcé pour le développement accordant une place de choix aux Acteurs Non-Étatiques (ANE).

1.6.1.1. Commission Nationale du Développement

L'encadré 1, ci-dessous comporte des lignes directrices pour aider à rédiger le décret relatif à la CND. L'installation d'une telle instance qui a vocation à être stable et pérenne, devrait permettre de tourner définitivement la page des structures ad hoc. En termes d'organisation, la CND doit être structurée autour des quatre (4) instances ci-après : (i) une instance décisionnelle, le Comité d'Orientation et de Supervision (COS) ; (ii) une instance de pilotage, le Secrétariat Permanent (SP-CND) ; (iii) des instances techniques, à savoir, les directions compétentes du MdP ; et (iv) une instance de concertation, le Comité Consultatif de Base (CCB).

Encadré 1 : Lignes directrices sur la Commission Nationale du Développement (CND)

La CND aura pour mission de veiller de façon permanente au fonctionnement harmonieux des différents systèmes de gestion du développement que sont : le SSN, le SNP, la GFP (système de Gestion des Finances Publiques) et le SSE (Système de Suivi et d'Évaluation).

La CND sera en particulier chargée : (i) d'orienter, de piloter et d'assurer la coordination technique des processus de PPBSE ainsi que des opérations statistiques, depuis leur lancement jusqu'à la validation de leur produit final ; et (ii) d'animer le dialogue sur la performance des politiques publiques avec tous les acteurs de développement, que sont les ministères et autres institutions républicaines, les partenaires techniques et financiers, les collectivités locales, le secteur privé et la société civile.

La CND est organisée comme suit :

1) l'instance plénière (la Plénière) qui sera chargée de : (i) délibérer sur les questions majeures de développement ; et (ii) servir de

cadre pour les revues de performance du PND et du PNI. Elle est présidée par le Premier ministre et composée de tous les ministres, du Président du Conseil Économique et Social, du Président de la Commission de l'Assemblée nationale en charge du Plan, des chefs de mission diplomatiques et d'agences de coopération bi/multilatérale (y compris les banques internationales de développement) ainsi que des premiers responsables des organisations faîtières des collectivités locales, du secteur privé et de la société civile ;

2) le comité interministériel d'orientation et de supervision (COS) qui sera chargé de : (i) définir les orientations pour la conduite des processus de PPBSE ; (ii) valider leurs différents produits d'étape ; (iii) suivre les progrès vers l'atteinte des ODD ; et (iv) veiller à la mise en œuvre de réformes visant à améliorer le score CPIA (EPI) du pays. Il est présidé par le Premier ministre et composé des ministres en charge : du plan et du développement, de l'économie et des finances, du budget, des partenariats publics privés ; de l'agriculture, des mines, de l'énergie, des travaux publics, des transports, de la santé, de l'éducation, de l'action sociale, de l'environnement, de la décentralisation ; et le Gouverneur de la Banque Centrale de la République de Guinée (BCRG) ;

3) le cadre de dialogue de haut niveau (CDHN) qui sera chargé de : (i) animer le dialogue entre le Gouvernement et les PTF sur les politiques et les institutions ; et (ii) suivre les performances du pays en matière de mobilisation de ressources extérieures pour le financement du développement. Il est présidé par le Premier ministre et composé, du côté Gouvernement, par les ministres en charge : du plan et du développement, de l'économie et des finances, du budget, des partenariats publics privés, et le Gouverneur de la BCRG ; et du côté des PTF, des chefs de mission diplomatique et d'agence de coopération bi/multilatérale (y compris les banques internationales de développement) ;

4) les comités sectoriels de dialogue (CSD) qui seront chargés de : (i) animer le dialogue sur les politiques et stratégies sectorielles ; et (ii) suivre les performances des secteurs dans la mise en œuvre du PND, des réformes structurelles, du PIP et des budgets de programmes. Ils sont présidés par des ministres chefs de file et composés des PTF, des opérateurs privés et des organisations de la société civile intervenant dans le secteur. La constitution des CSD requiert la définition d'une nomenclature des secteurs de développement ;

5) le comité consultatif de base (CCB) qui sera chargé de : (i) structurer la participation citoyenne aux processus de PPBSE ; et (ii) coordonner les contributions des ANE nationaux à la formulation des

politiques publiques. Il sera animé par les organisations faîtières des collectivités locales, du secteur privé et de la société civile (y compris les syndicats, les centres de recherche, les leaders d'opinion, les mouvements de femmes ou de jeunes et autres groupes vulnérables) ;

6) le secrétariat permanent (SP-CND) qui sera chargé de : (i) faire la liaison entre les différents organes de la CND ; (ii) assurer la coordination technique des différents processus de PPBSE, et à ce titre (iii) faire office de comité de pilotage de ces processus ; (iv) mettre sur pied et animer les groupes de travail spécialisés. Le SP-CND sera placé sous la tutelle du MdP, présidé par un haut-fonctionnaire (le Secrétaire permanent de la CND) et composé d'experts nationaux (économistes, statisticiens, planificateurs, gestionnaires de projets, financiers...). Le SP-CND pourrait également être renforcé par une expertise internationale ponctuelle en fonction des besoins ou faire appel à des personnes-ressources externes.

1.6.1.2. Secteurs de planification

Un secteur de planification est un domaine ou un regroupement de domaines, dans lequel l'action publique peut-être planifiée, programmée, budgétisée, suivie et évaluée dans une perspective d'atteinte des objectifs de développement, à court, moyen et long termes. Le secteur est dit « de planification » en raison de ce que la planification est le maillon de tête de la chaîne PPBSE. De la planification, dérivent la programmation et la budgétisation, puis le suivi et l'évaluation. En d'autres termes, un secteur de planification, est l'unité de base d'exercice des fonctions de PPBSE.

- *Nécessité d'une nomenclature*

Les bonnes pratiques en matière de gestion du développement, suggèrent la mise en place d'une nomenclature officielle des secteurs de planification au même titre qu'il existe la nomenclature budgétaire ou d'autres nomenclatures telles que : (i) la Classification des Fonctions des Administrations Publiques (CFAP)[2]; (ii) les codes sectoriels du Comité d'Aide au

2 En anglais : COFOG pour Classification of the Functions of Government

Développement (CAD) de l'OCDE ; et (iii) la nomenclature des secteurs institutionnels de la comptabilité nationale. Mais dans la réalité, la nomenclature sectorielle est pratiquement inexistante aussi bien en Guinée que dans la plupart des pays qui lui sont comparables.

Encadré 2 : Domaines prioritaires du PNDES 2016-2020

1	Gouvernance politique et sociale
2	Efficacité de l'État
3	Gouvernance économique et environnementale
4	Agriculture et sécurité alimentaire et nutritionnelle
5	Industrie extractive et manufacturière
6	Infrastructures économiques, innovation et recherche
7	Commerce, tourisme, hôtellerie, artisanat et culture
8	Population et développement
9	Santé et VIH/SIDA
10	Éducation et formation
11	Cadre de vie domestique
12	Emploi des couches vulnérables
13	Épanouissement des couches vulnérables
14	Protection sociale
15	Gestion durable des écosystèmes
16	Qualité du cadre de vie
17	Gestion des catastrophes
18	Changements climatiques

C'est ainsi que pour contourner la difficulté, le MdP a recouru de façon ad hoc, pour la période 2016-2020, à des domaines prioritaires, en lieu et place des secteurs de planification. Dix-huit (18) domaines ont été ainsi définis comme déclinaison des piliers stratégiques du PNDES (cf. encadré 2 ci-dessus). Ils ont été ensuite regroupés en huit (8) thématiques pour l'organisation du dialogue de performance autour du Plan dans le cadre du Dispositif de Suivi et d'Évaluation (DISE), à savoir : (i) gouvernance démocratique ; (ii) gouvernance économique et environnementale ; (iii) agriculture et sécurité alimentaire ; (iv) industrie, infrastructures, recherche et innovation ; (v) commerce, tourisme, hôtellerie, artisanat et culture ; (vi) démographie et secteurs sociaux ; (vii) emploi et inclusion sociale ; et (viii) environnement, cadre de vie et changements climatiques.

- *Ébauche d'une nomenclature*

Dans une perspective d'efficacité de la gestion du développement, le choix et la classification des secteurs de planification ne peuvent se faire ni de façon ad hoc, ni de façon arbitraire, ni au pif. Ils doivent être guidés par le souci de cohérence devant exister entre les conclusions de l'ENP d'une part, et d'autre part, la formulation des politiques publiques et les processus techniques de PNDES, de PNI, de suivi et d'évaluation des politiques de développement.

Dans cette optique, les secteurs sont vus comme des outils de contrôle de la dynamique des variables caractéristiques du « système Guinée » telles que résultant de l'analyse structurelle de l'ENP. La finalité est de disposer de secteurs dans lesquels l'État pourra agir, à l'aide des instruments de PPBSE, sur l'évolution à court et moyen terme de ces variables, de sorte que leur trajectoire converge vers la vision nationale.

Encadré 3 : Ébauche d'une nomenclature des secteurs de planification en Guinée

Secteurs régaliens

1 Gouvernance politique
- Institutions politiques
- Justice et droits humains
- Citoyenneté et cohésion sociale
- Diplomatie

2 Gouvernance administrative
- Administration du territoire
- Décentralisation
- Fonction publique

3 Gouvernance économique et financière
- Pilotage du développement
- Gestion des finances publiques
- Environnement des affaires
- Lutte contre la corruption
- Intégration régionale

4 Défense et sécurité
- Défense nationale
- Sécurité publique
- Protection civile

Secteurs productifs

5 Production alimentaire
- Agriculture
- Elevage
- Pêche
- Sécurité alimentaire et nutrition

6 Industries et artisanat
- Industries extractives
- Industries manufacturières
- Agro-industries
- Artisanat

7 Services marchands
- Transports
- Commerce
- Tourisme et hôtellerie
- Services financiers

Secteurs de soutien à la production

8 Infrastructures économiques
- Energie
- Bâtiments et travaux publics
- Télécommunications

9 Recherche et mutations technologiques
- Recherches scientifiques
- Innovations
- Economie numérique

Secteurs de valorisation du capital humain

10 Démographie et santé
- Population et développement
- Santé et urgences sanitaires

11 Education et formation
- Enseignement maternelle, primaire et secondaire
- Enseignement technique et formation professionnelle
- Enseignement supérieur
- Culture et alphabétisation

12 Inclusion sociale
- Emploi
- Insertion professionnelle des jeunes
- Autonomisation des femmes
- Protection sociale
- Culture et sports

Secteurs du cadre de vie

13 Cadre de vie domestique
- Eau, hygiène et assainissement
- Electrification domestique
- Habitat
- Gestion foncière

14 Environnement
- Gestion durable des ressources naturelles
- Protection de l'environnement
- Gesrtion des catastrophes naturelles
- Changements climatiques

Le manuel propose comme ébauche de la nomenclature des secteurs de planification en Guinée, la classification ci-dessous (cf. encadré 3, ci-dessus). Cette nomenclature comprend 51 sous-secteurs regroupés en 14 secteurs qui sont à leur tour, synthétisés en 5 catégories, à savoir : (i) les secteurs régaliens ; (ii) les secteurs productifs ; (iii) les secteurs de soutien à la production ; (iv) les secteurs du capital humain ; et (v) le secteur du cadre de vie. Il convient de bien préciser qu'il ne s'agit que d'une ébauche en ce qu'il reste à définir le contenu des sous-secteurs. C'est-à-dire subdiviser chacun d'eux en domaines et en sous-domaines.

- *Approche sectorielle ou SWAp*

L'approche sectorielle est un instrument de coordination de l'aide au développement (cf. encadré ci-dessous). Elle est d'autant plus avantageuse et son efficacité accrue, que lorsque sont prédéfinis les secteurs dans lesquels elle est mise en œuvre. L'existence d'une nomenclature officielle des secteurs revêt ici également une grande importance.

Encadré 4 : Que sont les SWAp ?

Les SWAp reposent sur des principes de partenariat et de collaboration pour atteindre un développement durable dans différents secteurs. Elles supposent que toutes les ressources techniques et financières disponibles au niveau du secteur, appuient une seule et même politique ou stratégie. En particulier, elles prônent une mise en commun graduelle des financements extérieurs suivant des procédures harmonisées ainsi que leur intégration progressive dans le budget de l'État.

L'approche sectorielle requiert que le gouvernement à travers le ministère chef de file, prenne ou renforce son leadership du secteur, y compris les décisions concernant l'utilisation des fonds provenant de l'aide extérieure (quel que soit l'instrument de financement). Des mécanismes conjoints (Ministère sectoriel — PTF) sont adoptés pour suivre l'exécution des programmes de dépenses quelle que soit leur source de financement.

Les SWAp dans pratique

Une SWAP est la combinaison de quatre (4) instruments : (i) un plan et une stratégie pour le secteur ; (ii) un cadre de dépenses à moyen terme (CDMT) avec une estimation des ressources disponibles pour le secteur ; (iii) un budget de programme — qui permet d'allouer les ressources aux priorités définies et qui intègre toutes les sources de financement ; (iv) des mécanismes de dialogue et de suivi qui aident à évaluer les progrès. Il pourrait s'agir : (i) de mécanismes de dialogue institutionnel entre le ministère et ses PTF pour partager les décisions stratégiques d'importance ; assortis : (ii) d'un cadre de suivi de l'exécution des programmes, basé sur des indicateurs de résultats définis au niveau sectoriel ; et (iii) des rapports périodiques sur les réalisations physiques et financières au titre des programmes.

Les leçons des expériences internationales

Les SWAp se sont révélés des cadres d'application efficaces des principes de la déclaration de Paris que sont, l'appropriation, l'alignement, l'harmonisation, la gestion orientées vers les résultats et la responsabilité mutuelle. L'expérience internationale montre que la réussite d'une approche sectorielle dépend d'un certain nombre de facteurs : (i) les SWAp doivent être considérées comme un processus devant s'intégrer dans les réalités du secteur et progresser selon le rythme qui leur sera imprimé par le ministère ; (ii) les SWAp dépendent de leur appropriation par le ministère et les PTF qui doivent démontrer une volonté et un engagement permanents de concrétiser une telle approche ; (iii) L'approche sectorielle est vouée à l'échec lorsque le leadership du ministère est faible ; (iv) Les SWAp offre une flexibilité du point de vue des arrangements financiers. Elles peuvent combiner plusieurs modalités d'aides : programmes multi-bailleurs, pot commun, appui budgétaire, même des appuis-projets, mais ceci à titre transitoire.

- *Recentrage du rôle de l'État*

Dans le passé, le rôle de l'État dans la gestion du développement en Afrique, a été vertement décrié : l'on y trouvait la principale cause de l'échec des plans de développement du début des indépendances. L'on y trouvait aussi, l'origine première des déséquilibres macroéconomiques et financiers, observés dans la plupart des pays en développement, au milieu des années 80. Pour résorber ces déséquilibres, des politiques d'ajustement structurel soutenues par le FMI et la Banque Mondiale ont été mises en œuvre dans le but de promouvoir le libéralisme économique tout en réduisant la taille d'un État devenu hypertrophique.

Si ces politiques ont permis le retour à la stabilité macroéconomique, en revanche, elles ont échoué à faire reculer la pauvreté et à contenir l'endettement à un niveau soutenable. Au nombre des causes souvent mises en avant, il y a les rigidités institutionnelles, surtout de l'État, rendant inopérantes les réformes structurelles des programmes d'ajustement structurels (PAS), et l'inefficacité des dépenses publiques notamment, celles affectées aux secteurs sociaux. C'est ainsi que le consensus de Washington qui inspira les PAS, fut remis en cause, et le rôle de l'État, redéfini dans une perspective de bonne gouvernance. Il reste tout de même, que malgré ses vicissitudes, l'État demeure un acteur central dans la gestion du développement.

- *De la pertinence du rôle de l'État*

Certaines raisons[4] qui ont justifié autrefois l'élargissement de la sphère d'intervention de l'État en Guinée et en Afrique, gardent encore toute leur pertinence de nos jours. L'État est en effet, le seul acteur capable de construire une vision véritablement nationale, de prendre en charge les poussées démographiques, et d'anticiper les explosions urbaines génératrices de besoins nouveaux. Il est le seul capable de faciliter les intégrations régionales et de préparer les mutations technologiques. Il est le seul capable de porter des projets sociaux. Il peut seul, créer un tampon avec l'extérieur lorsque celui-ci menace l'économie nationale à travers les fluctuations de taux de change, les réorientations brutales de marché ou les prix de dumping. Enfin, il est le seul à pouvoir soutenir et piloter la formation d'un pouvoir d'achat susceptible de participer à la dynamisation des marchés.

- *De l'État développementaliste*

Les deux premières décennies de ce 21e siècle ont enregistré des évolutions significatives dans l'appréhension des questions du développement. En 2000 puis en 2015, la communauté internationale s'est engagée sur des objectifs universels de développement. Ce furent d'abord les objectifs du millénaire pour le développement (OMD), et par la suite, les objectifs de développement durable (ODD) à l'horizon 2030.

À la suite des conférences de Monterrey (2002), de Rome (2003), de Marrakech (2004) et Paris (2005) ; l'efficacité de l'aide est devenue un objectif partagé, engageant à la fois les donateurs et les pays bénéficiaires. Dans le même temps, le cercle des bailleurs de fonds s'est agrandi et diversifié, notamment avec la montée en puissance de la Chine et de l'Inde. S'agissant des instruments de programmation, les plans de

---

[4] Cf. RAFFINOT & JACQUEMOT 1993 – La nouvelle politique économique en Afrique

développement ont été réhabilités et les Documents de Stratégie de Réduction de la Pauvreté, ont été abandonnés.

C'est dans cette même dynamique que l'opposition systématique plan et marché, pour l'allocation des ressources, a été gommée, et le rôle de l'État dans la gestion du développement, revisité. Désormais, la question ne se pose plus en termes de « plus d'État » ou de « moins d'État », mais plutôt en termes de « mieux d'État »[5], dans un contexte où la qualité de la gouvernance est reconnue comme un facteur de progrès.

Cette perspective a contribué à élargir les marges de manœuvre des États africains, les appelant à jouer un rôle central dans la définition de leur propre agenda de développement. L'État guinéen ne saurait rester en marge de ces évolutions. Il doit devenir un État développementaliste c'est-à-dire un État à la fois, légitime sur le plan institutionnel, stratège dans la conduite du développement, vecteur des transformations structurelles et catalyseur des forces vives de la société.

L'État légitime est incarné par des dirigeants patriotes (donnant la primauté à l'intérêt général sur les intérêts partisans et claniques) ; intègres (en étant respectueux du bien public et incorruptibles) ; épris de paix et de justice sociale (en étant garants de l'égalité des chances pour tous). L'État légitime suppose, de solides fondations démocratiques sous-tendues par une constitution qui consacre l'État de droit, les libertés fondamentales, une justice indépendante, des institutions politiques représentatives, une banque centrale efficace, une bonne législation et le respect des droits de propriété. L'État légitime est aussi un État résilient par sa capacité à assurer la sécurité humaine dans toutes ces dimensions (alimentaire, communautaire, économique, environnementale, personnelle, politique et sanitaire).

L'État stratège est l'État qui a la capacité, étant donné les contraintes de l'environnement tant interne qu'externe, d'inscrire l'action publique dans une perspective de moyen et long terme

---

[5] *ibid*

de sorte à maîtriser le cours du développement national pour en tirer le meilleur parti. Il sait combiner les instruments de PPBSE à cet effet. L'État stratège cherche à hisser le pays au premier rang des nations performantes. La finalité ici, est le rayonnement international. L'État stratège cherche aussi à se recentrer sur ses missions d'intérêt général les plus essentielles et à mieux les exercer. Là, en revanche, la finalité est l'efficacité des politiques publiques. L'État stratège suppose en outre, un leadership éclairé, incarné par des gouvernants visionnaires et crédibles ; des bureaucrates loyaux et compétents travaillant en bonne intelligence avec un secteur privé dynamique dans le cadre d'une vision partagée du développement.

L'État vecteur des transformations structurelles est l'État qui sait inscrire le développement socio-économique durable au 1er rang de ses priorités. Il s'agit d'un État capable de concevoir des politiques efficaces pour atteindre un tel objectif, notamment assurer la stabilité macroéconomique globale du pays, mettre en place un cadre règlementaire propice à l'investissement privé et promouvoir une bonne gouvernance économique et financière dans une perspective de durabilité. Incarné par des dirigeants réformateurs, ce modèle d'État suppose une administration compétente, professionnelle et impartiale qui assure la mise en œuvre efficace des politiques et stratégies porteuses de changements. Il suppose en outre, une volonté affichée de l'État d'intégrer le pays, dans les ensembles supranationaux pour la fourniture de biens publics régionaux et la convergence des processus de développement vers un niveau de bien-être plus élevé.

L'État catalyseur du potentiel de progrès des forces vives de la société, est l'État qui œuvre fermement au renforcement de toute initiative individuelle ou collective, publique ou privée qui concourt au bien-être et à la prospérité. Il s'agit d'un État facilitateur des différentes actions de développement tout en étant garant de la cohérence de celles-ci. Il œuvre en outre, à créer une synergie entre, d'une part, l'administration publique (centrale et locale), et d'autre part, les entreprises privées de toutes tailles, les centres de recherche et la société civile. Ce modèle d'État requiert d'institutionnaliser les processus participatifs dans la conception et à la mise en œuvre des politiques de développement, à leur suivi et à leur évaluation. Cet État est incarné par des gouvernants attentifs aux préoccupations des populations, rassembleurs et charismatiques.

1.6.1.3. Rôle des Acteurs Non-Étatiques

La gestion du développement appelle à des interactions entre l'État et les Acteurs Non-Étatiques (ANE), à savoir : les partenaires au développement extérieurs, le secteur privé et la société civile.

- *Partenaires au développement extérieurs*

Les partenaires au développement extérieurs sont des acteurs de premier plan dans la gestion du développement. Ils interviennent dans le cadre de la coopération pour le développement.

Trois missions majeures (Severino et Ray, 2009 ; Ocampo, 2015) : sont attachées à leur intervention : (i) appuyer et compléter les efforts déployés par les pays en développement pour garantir la mise en place de normes sociales essentielles et universelles, permettant aux citoyens d'exercer leurs droits fondamentaux ; (ii) promouvoir la convergence des pays en développement (en particulier les plus pauvres) vers des niveaux plus élevés de revenu et de bien-être, et réduire les profondes inégalités qui persistent au niveau international ; (iii) soutenir la participation active des pays en développement à la fourniture des biens publics mondiaux.

Les partenaires au développement extérieurs regroupent quatre (4) catégories d'acteurs, à savoir : le système (programmes, fonds et institutions spécialisées) des Nations Unies y compris la Banque Mondiale et le Fonds Monétaire

International (FMI), les organismes multilatéraux, les pays ou agences de coopération bilatérale et les ONG internationales.

- *Secteur privé*

La gestion du développement exige des mécanismes efficaces de dialogue entre les pouvoirs publics et le secteur privé. Cette interaction est de nature à améliorer considérablement la mise en œuvre et l'efficacité des politiques publiques. Elle prend de plus en plus, la forme de partenariats public-privés. Dans des conditions optimales, ces partenariats ont vocation à combiner ce que les deux secteurs ont de meilleur : les lois et règlements propices aux affaires, les orientations stratégiques de développement, les incitations et facilités de toutes sortes, s'agissant de l'État ; et la capacité de financement, les valeurs d'efficacité managériale ainsi que les innovations, s'agissant du secteur privé. Ces partenariats doivent en tout état de cause, contribuer à combler les déficits d'infrastructures, améliorer l'accès aux services sociaux, préserver l'environnement, tout en maintenant la profitabilité pour les opérateurs privés.

- *Société civile*

La société civile favorise l'instauration de la bonne gouvernance en fournissant aux décideurs politiques des informations sur les besoins et les demandes de la population et en influençant les processus décisionnels. La collaboration de l'État et de la société civile en matière d'élaboration des politiques sont particulièrement appropriés pour traiter d'une large gamme de questions complexes en particulier, les droits humains, la pauvreté, les rapports hommes/femmes, l'environnement et le développement durable… Par ailleurs, l'action de la société civile est susceptible d'encourager l'État à s'améliorer et à rester fidèle à sa nature démocratique. En dénonçant les abus de pouvoir et les fautes des instances gouvernementales, en accroissant les attentes de performances efficaces et en créant des pressions politiques, elle peut amener les mécanismes de l'État à promouvoir la bonne gouvernance dans ces principales dimensions à savoir, la transparence, la responsabilité et la primauté du droit.

1.6.2. Dispositions techniques de la loi sur la gouvernance des politiques de développement

Les dispositions techniques de la loi sur la gouvernance des politiques de développement consistent en l'adoption de la politique nationale de gestion du développement (PNGD) et d'un manuel de procédures de PPBSE.

1.6.2.1. Politique nationale de gestion du développement

La politique nationale de gestion du développement est un cadre de référence stratégique qui oriente l'action publique dans une perspective de promotion de la croissance économique, de réduction de la pauvreté, d'amélioration des conditions de vie des populations ; et partant, de création d'un environnement propice au développement durable.

Cette politique doit : (i) être guidée par des principes ; (ii) respecter les engagements internationaux ; (iii) correspondre à un modèle de développement et à un schéma de croissance cohérent ; (iv) reposer sur des piliers stratégiques ; (v) disposer d'instruments de mise en œuvre, de suivi et d'évaluation.

- ***Principes directeurs de la PNGD***

Les principes devant guider la politique nationale de gestion du développement de la Guinée sont, suivant le présent manuel : (i) l'inclusion sociale et l'équité ; (ii) la durabilité environnementale ; (iii) la participation citoyenne ; (iv) la coopération internationale ; et (v) la planification stratégique à long terme.

o *Inclusion sociale et équité :* Il est essentiel de s'assurer que le développement profite à tous les citoyens de manière équitable, en réduisant les inégalités et en favorisant l'inclusion sociale. Cela implique de prendre en compte dans la PNGD, les besoins des groupes marginalisés, des femmes, des jeunes, des personnes handicapées, etc.

o *Durabilité environnementale :* La politique de développement doit intégrer les principes du développement durable, en préservant les ressources naturelles et en minimisant l'empreinte écologique. La PNGD doit ainsi s'attacher à promouvoir des pratiques respectueuses de l'environnement tout en prenant en compte, les conséquences environnementales à long terme.

o *Participation citoyenne :* La PNGD doit encourager la participation active des citoyens dans le processus de développement, en favorisant la consultation, la transparence et la responsabilité. La participation citoyenne renforce la légitimité des décisions prises et permet d'identifier les besoins réels de la population.

o *Coopération internationale :* La PNGD doit s'inscrire dans un cadre de coopération internationale, en favorisant les partenariats avec d'autres pays, les organisations internationales et les acteurs de la société civile. La coopération internationale peut apporter un soutien technique, financier et humain pour la mise en œuvre des projets de développement.

o *Planification stratégique à long terme :* La PNGD doit être basée sur une planification stratégique à long terme, en identifiant les priorités, les objectifs et les actions à mener sur le moyen et le long terme. Une approche intégrée et holistique est nécessaire pour assurer la durabilité et l'efficacité des interventions.

- ***Engagements internationaux de référence de la PNGD***

La PNGD doivent être alignée sur les : (i) les Objectifs de Développement Durable (ODD) ; (ii) l'agenda 2063 de l'Union Africaine ; (iii) le Programme d'Action d'Addis-Abeba sur le financement du développement ; (iv) les Accords de Paris sur les changements climatiques ; (v) les engagements régionaux ; (vi) l'Accord commercial de la ZLECAf ; et (vii) le Plan d'action de Doha en faveur des PMA.

o *Les Objectifs de Développement Durable (ODD).* La PNGD doit être alignée sur les Objectifs de Développement Durable (ODD) des Nations Unies. Cela permet de créer une cohérence globale et de contribuer aux efforts mondiaux pour l'éradication de la pauvreté, la protection de l'environnement, l'amélioration de la santé, l'éducation, etc. Il est à rappeler que les ODD sont un ensemble de 17 objectifs mondiaux adoptés par les Nations Unies en 2015. Ils couvrent un large éventail de domaines tels que la réduction de la pauvreté, l'éducation de qualité, l'égalité des sexes, la santé et le bien-être, la promotion de l'énergie propre, etc.

o *L'Agenda 2063 de l'Union Africaine.* Initiative de l'Union Africaine, cet Agenda vise à accélérer le développement du continent, sur les plans économique, social et politique. Il met l'accent sur la promotion de l'intégration régionale, la gouvernance démocratique, la paix et la sécurité, le développement des infrastructures, etc. La PNGD doit être cohérente avec les objectifs et les orientations de l'Agenda 2063.

o *Le Programme d'Action d'Addis-Abeba sur le financement du Développement.* Ce programme a été adopté lors de la Conférence des Nations Unies sur le Financement du Développement en 2015. Il vise à mobiliser les ressources financières nécessaires pour soutenir le développement durable dans les pays en développement. La politique de développement de la Guinée devrait prendre en compte les recommandations et les mécanismes de financement proposés dans ce programme.

o *Les Accords de Paris sur le changement climatique.* Les Accords de Paris ont été adoptés lors de la Conférence des Nations Unies sur les changements climatiques en 2015. Ils visent à limiter le réchauffement climatique mondial en dessous de 2 degrés Celsius et à renforcer la résilience des pays face aux impacts du changement climatique. La politique nationale de gestion du développement de la Guinée doit intégrer des mesures pour atténuer les émissions de gaz à effet de serre et s'adapter aux impacts du changement climatique.

- *Les engagements régionaux*. La Guinée est membre de plusieurs organisations régionales telles que la Communauté Économique des États de l'Afrique de l'Ouest (CEDEAO) et l'Union du Fleuve Mano. La PNGD doit se référer aux engagements pris au niveau régional, en particulier en ce qui concerne l'intégration régionale, la coopération économique, la sécurité régionale, etc.
- *La Zone de libre-échange continentale africaine (ZLECAf)*. La Guinée est un pays signataire de la ZLECAf et sa politique de gestion du développement devrait prendre en compte les engagements pris dans le cadre de cet accord. Cela inclut la promotion du commerce intra-africain, la facilitation des échanges commerciaux, la création d'un environnement favorable aux investissements, etc. La ZLECAf offre des opportunités pour la Guinée de renforcer ses liens économiques avec d'autres pays africains et de bénéficier de l'expansion des marchés régionaux.
- *Le Programme d'Action de Doha en faveur des pays les moins avancés (PMA)*. La PNGD de la Guinée doit également fait référence au Programme d'Action de Doha en faveur des pays les moins avancés (PMA) adopté lors de la Cinquième Conférence des Nations Unies sur les pays les moins avancés, qui s'est tenue du 5 au 9 mars 2022 à Doha, au Qatar. Ce programme est un engagement international important visant à soutenir le développement socio-économique des PMA. Le Programme d'Action de Doha prévoit des mesures spécifiques pour aider les PMA à relever les défis auxquels ils sont confrontés, tels que la pauvreté, la sécurité alimentaire, les changements climatiques et l'accès aux marchés mondiaux. Il met également l'accent sur le renforcement des capacités, le transfert de technologie et l'amélioration de l'accès aux financements pour soutenir le développement durable des PMA.

- ***Modèle de développement***

La Guinée doit opter pour un modèle de développement qui tire parti de ses ressources naturelles pour stimuler la croissance économique tout en veillant à la durabilité environnementale et à la réduction de la pauvreté. Le modèle correspondant à cette caractéristique de la Guinée est le modèle de diversification économique.

Ce modèle vise à réduire la dépendance excessive à une seule ressource naturelle en développant d'autres secteurs économiques tels que l'agriculture, le tourisme, les services et l'industrie manufacturière. Cela permet de répartir les risques économiques, de créer des emplois dans des secteurs variés et de favoriser une croissance économique plus stable et durable. En diversifiant son économie, la Guinée peut ainsi éviter les effets négatifs du "dutch disease" et promouvoir un développement plus équilibré et résilient.

<u>Encadré</u> 5 : « Dutch disease » ou le syndrome hollandais

Le "dutch disease" est un phénomène économique qui se produit lorsque l'économie d'un pays dépend fortement d'une seule ressource naturelle, telle que le pétrole ou les minéraux, et que cette dépendance entraîne une déformation de l'économie. Cela se traduit souvent par une appréciation de la monnaie nationale, ce qui rend les autres secteurs économiques moins compétitifs et entraîne une désindustrialisation.

Quoique centrée sur la diversification économique, la PNGD de la Guinée doit également intégrer les considérations ci-après :

- *La valorisation des ressources naturelles.* Il est important de valoriser les ressources naturelles de manière durable et responsable. Ce qui peut être fait en encourageant les investissements dans des technologies propres et en adoptant des pratiques respectueuses de l'environnement dans l'exploitation des ressources.
- *Le renforcement des capacités.* La Guinée peut investir dans le renforcement des capacités nationales. Cela permettrait

de développer une main-d'œuvre qualifiée et compétente, capable d'innover et de contribuer à la croissance économique.

- *La promotion de l'entrepreneuriat.* Le gouvernement peut encourager l'entrepreneuriat en offrant des incitations fiscales et des facilités administratives aux entreprises locales. Cela stimulerait la création d'emplois et favoriserait la croissance du secteur privé.
- *Les infrastructures de base.* Le développement d'infrastructures de base telles que les routes, l'électricité, l'eau potable et les télécommunications est essentiel pour faciliter les activités économiques et attirer les investissements.
- *La gestion transparente des ressources* Une gestion transparente et responsable des ressources naturelles est primordiale. Cela implique la mise en place de mécanismes de gouvernance solides pour éviter la corruption et garantir que les revenus tirés des ressources naturelles bénéficient à l'ensemble de la population.

- ***Schéma de croissance***

Le schéma de croissance qui correspond au modèle de diversification économique est celui de la "croissance équilibrée". Ce schéma de croissance vise à développer plusieurs secteurs économiques de manière simultanée et équilibrée, plutôt que de dépendre excessivement d'un seul secteur.

Dans un modèle de diversification économique, la croissance équilibrée implique une allocation des ressources et des investissements dans différents secteurs tels que l'agriculture, l'industrie, les services, le tourisme, les technologies de l'information et de la communication, etc. L'objectif est de promouvoir une croissance économique globale et durable, en veillant à ce que tous les secteurs contribuent de manière équitable et complémentaire à l'économie.

Un tel schéma de croissance permet de réduire les risques économiques liés à un seul secteur. Il favorise également la création d'emplois dans différents secteurs, ce qui contribue à réduire le chômage et à améliorer les conditions de vie de la population. De plus, en développant plusieurs secteurs, la croissance équilibrée stimule l'innovation, la diversification des produits et services, et renforce la compétitivité économique du pays sur les marchés internationaux.

- ***Instruments de la PNGD***

La politique de gestion du développement de la Guinée doit s'appuyer sur plusieurs instruments pour atteindre ses objectifs. L'accent devra être mis en particulier, sur les instruments ci-après :

- *Planification stratégique.* La Guinée doit poursuivre, en lien avec le CDLT sous-jacent à la Vision Guinée 2040, l'élaboration des PND qui définissent à moyen terme, les objectifs de développement du pays, les priorités sectorielles et les mesures à prendre pour les atteindre. Ce plan devrait être basé sur une analyse approfondie de la situation actuelle du pays, des défis et des opportunités.
- *Politiques sectorielles.* La mise en place de politiques publiques cohérentes et bien articulées est essentielle pour orienter le développement du pays. Ces politiques doivent couvrir différents domaines tels que les secteurs productifs, l'éducation, la santé, l'environnement, etc. Elles devraient être fondées sur des données factuelles, adaptées aux besoins spécifiques de la Guinée et alignées sur les objectifs de développement.
- *Cadre réglementaire.* Un cadre réglementaire solide est nécessaire pour guider les activités économiques et sociales, assurer la transparence, la bonne gouvernance et la protection des droits. Il est important d'élaborer et de mettre en œuvre des lois et des réglementations qui favorisent l'investissement, la libre concurrence, la protection de l'environnement, la sécurité des travailleurs, etc.
- *Financement du développement.* La mobilisation des ressources financières est cruciale pour mettre en œuvre les actions de développement. La Guinée doit explorer différentes sources de financement, y compris les investissements nationaux

et étrangers, les partenariats public-privé, les prêts internationaux, les subventions, etc. Il est important de veiller à une utilisation efficace et transparente de ces ressources.

o *Renforcement des capacités.* Le renforcement des capacités des institutions publiques, des acteurs économiques et de la société civile est essentiel pour la mise en œuvre réussie de la politique de gestion du développement. Cela peut inclure la formation du personnel, le renforcement des compétences techniques, l'amélioration des systèmes de gouvernance, etc.

o *Suivi et évaluation.* Il est important de mettre en place un système de suivi et d'évaluation pour mesurer les progrès réalisés dans la mise en œuvre de la politique de gestion du développement. Cela permettra d'identifier les lacunes, d'apporter des ajustements si nécessaire et de s'assurer que les actions entreprises sont efficaces et produisent les résultats attendus.

1.6.2.2. Manuel de procédures de PPBSE

Conçu comme l'un des outils de gestion du développement, le manuel de procédures de PPBSE est un document qui décrit de manière détaillée, fonction par fonction, les différentes étapes à suivre pour mettre en œuvre les processus techniques que sont respectivement : (i) les réflexions prospectives ; (ii) la planification à moyen terme ; (iii) la programmation des investissements publics ; (iv) la programmation pluriannuelle des dépenses ; et (v) le suivi annuel de la performance.

Le manuel de procédures de PPBSE est destiné à fournir des lignes directrices claires sur la façon dont les phases, étapes et tâches inhérentes à ces processus doivent être menées, en précisant les intervenants, leurs rôles et responsabilités, les méthodes et outils nécessaires, les produits ou livrables attendus, les délais, les ressources nécessaires et les normes de qualité à respecter.

L'objectif principal du manuel de procédures de PPBSE, est de garantir la cohérence et l'harmonisation, des pratiques de gestion du développement à tous les échelons de l'administration publique. Par ailleurs, ce manuel doit être conçu pour servir de support pour la formation initiale ou la remise à niveau des planificateurs, des analystes et gestionnaires de projets ou programmes, des économistes, des statisticiens, et spécialistes de suivi-évaluation intervenant sur différents maillons de la chaîne PPBSE.

Les manuels de procédures sont généralement organisés de manière logique, en commençant par une introduction qui présente le contexte et les objectifs visés, suivie par une description des différentes phases du processus. Chaque étape est ensuite détaillée, avec des directives précises, des formulaires ou des modèles éventuels, des exemples et des conseils pratiques. Il est recommandé que l'élaboration de ce manuel de procédures s'appuie sur le contenu, et surtout, sur les indications méthodologiques fournies dans les parties 2, 3, 4 et 5 du présent manuel, s'agissant : (i) des réflexions prospectives ; (ii) de la planification à moyen terme ; (iii) de la programmation pluriannuelle des dépenses ; et (iv) de la programmation des investissements publics.

Il est important de noter que le manuel de procédures de PPBSE doit être régulièrement mis à jour pour refléter les changements organisationnels, les évolutions technologiques, les nouvelles réglementations ou les meilleures pratiques. Il doit également être accessible à tous les acteurs de la chaîne, et être facilement consultable lorsque nécessaire.

2. CONCEPTS CLÉS DE LA GESTION DU DÉVELOPPEMENT

La gestion du développement est la conduite de l'action d'un État, à la lumière des paradigmes de développement en vigueur et à l'aide d'instruments de gestion publique, mis en œuvre dans une perspective temporelle, pour la création de richesse et l'amélioration des conditions de vie de ses populations ou de celles d'un pays tiers.

De ce point de vue, la gestion du développement a une finalité sous-tendue par trois (3) conceptions. La première la considère comme un exercice d'application des thèses dominantes de l'économie du développement. La deuxième voit la gestion du développement comme une systématisation de certaines fonctions clé de gestion publique. La troisième conception fait d'elle, un mode d'organisation dans le temps, des actions de développement.

La gestion du développement revêt une importance capitale dans un contexte de fragilité comme celui de la Guinée. De son efficacité, dépendent en effet, les progrès économiques, le bien-être des populations et l'atteinte des objectifs de développement durable. Elle était assurée dans la structure gouvernementale de l'époque, par le Ministère du Plan et du Développement Économique.

Cette partie du manuel s'articulera autour des trois (3) points suivants : (i) les paradigmes du développement ; (ii) les approches de gestion du développement ; (iii) le cadre temporel des actions du développement ; et (iv) la vision nationale et les instruments de PPBSE.

Elle tient sa raison d'être de la nécessité de permettre aux utilisateurs du manuel de bien comprendre ces différents processus techniques de la gestion du développement, à travers : leurs articulations, leurs procédures, méthodes et outils respectifs, la première section de cette partie est consacrée aux principales notions de la gestion du développement.

2.1. PARADIGMES DU DÉVELOPPEMENT

La gestion du développement n'est ni théoriquement, ni idéologiquement, neutre. Elle dépend fortement des manières de penser le développement à un moment donné. De nos jours, le paradigme en vigueur est celui du développement durable. Mais avant la durabilité, ce sont les dimensions économique et sociale du développement qui ont prévalu.

Cette section du manuel traite successivement : (i) de l'évolution du développement économique au développement humain ; (ii) du développement durable ; (iii) des modèles de développement ; et (iv) des schémas de croissance.

2.1.1. Du développement économique au développement humain

À l'origine, le développement a été qualifié d'économique. Il fut ensuite requalifié pour devenir socio-économique. Par la suite, ont émergé le développement par la lutte contre la pauvreté et le développement humain.

2.1.1.1. Développement économique versus développement social

Seule la dimension économique du développement a été privilégiée jusqu'au début des années 50. Il suffisait en effet, de constater une expansion forte et soutenue de la production des biens et services mesurée par le Produit Intérieur Brut (PIB), pour conclure à un certain développement. Cette approche qualifiait le développement d'économique. Ensuite, cette thèse a été revisitée, face à l'aggravation du chômage et à la baisse du niveau de vie, même dans des situations de croissance relativement forte. Il a fallu ainsi adjoindre au développement, une 2e dimension, la dimension sociale qui sera consacrée au sommet de Copenhague en 1995. D'économique, la conception du développement devient en plus, sociale. Uniquement centré sur les besoins sociaux, cette approche devra très rapidement évoluer vers la lutte contre la pauvreté et le développement humain.

2.1.1.2. Lutte contre la pauvreté

La décennie 1990 et le début du 3e millénaire furent marqués par l'émergence de nouveaux paradigmes centrés sur l'homme, ses conditions de vie et d'existence. Ces changements dans la manière de penser le développement étaient des réponses à la persistance de la pauvreté dans le monde, à l'échec du modèle d'ajustement consacré par le consensus de Washington, et à 50 années d'inefficacité de l'aide au développement. Un fait marquant de la période a été la déclaration du millénaire par laquelle, la communauté internationale s'engageait en l'an 2000, sur des objectifs de développement à l'horizon 2015 (OMD). Un an plus tôt, le FMI et la Banque Mondiale s'accordaient, lors de leurs assemblées annuelles de 1999, pour lier l'allégement de la dette à la mise en place de stratégies de réduction de la pauvreté pour tous les pays bénéficiant d'une assistance concessionnelle de leur institution respective. Ainsi fut lancée l'Initiative en faveur des Pays Pauvres très Endettés (PPTE), point de départ des Documents de Stratégie de Réduction de la Pauvreté.

2.1.1.3. Développement humain

Dans le même temps, le coût social élevé de l'ajustement a fait resurgir le besoin de recentrer l'Homme au cœur des actions de développement. Le paradigme du développement humain émergea sous l'influence d'Amartya Sen. Cette approche invite à accorder une place décisive dans les processus et politiques de développement aux systèmes d'éducation, de santé, d'alimentation, d'assainissement et d'accès à l'eau. Plus encore, en mettant l'accent sur l'Homme dans l'analyse des processus de développement, elle invite à élargir les champs d'intervention des pouvoirs publics au-delà du court terme et du cadre restrictif des politiques d'ajustement structurel. Porté par le Programme des Nations Unies pour le Développement (PNUD), le concept de développement humain est à la fois un objectif et un processus d'augmentation des capacités, des libertés et des choix des individus. Un indicateur lui est associé : l'Indice de Développement Humain (IDH).

2.1.2. Du développement durable

À partir de la décennie 70, les questions environnementales ont émergé nécessitant une prise de conscience de la communauté internationale ainsi que des réponses urgentes et appropriées aux enjeux, notamment la persistance des déséquilibres écologiques et le risque d'irréversibilité qui leur est associé.

2.1.2.1. Prise de conscience des questions environnementales

Trois facteurs sont à l'origine du concept de « durabilité ». Il y a d'abord la question de la rareté des ressources naturelles, voire de leur épuisement en lien avec des modes de production et de consommation de plus en plus nuisibles à l'équilibre écologique. Il y a ensuite, la prise de conscience accrue des menaces sur la planète, de la dégradation continue de l'environnement de source anthropique, des pollutions industrielles ou de rejets accidentels dans la nature de substances nocives, et de l'augmentation des émissions mondiales de gaz carbonique (CO2). Il y a enfin les dérèglements climatiques avec comme principales manifestations : (i) la fréquence de phénomènes climatiques extrêmes comme les tempêtes, les sécheresses, les précipitations abondantes... (ii) l'instabilité des saisons avec ses conséquences sur la flore et la faune… (iii) la montée du niveau des mers en lien avec la fonte des glaciers, ce qui constitue une menace pour des millions de personnes vivant à proximité des côtes.

2.1.2.2. Concept de développement durable

La définition du développement durable qui fait encore référence de nos jours, est donnée en 1987, par la Commission Mondiale pour l'Environnement et le Développement. D'après le rapport de cette commission, connu sous le nom de Rapport Brundtland, le développement durable est « un développement qui répond aux besoins du présent sans compromettre la capacité des générations futures à répondre aux leurs ».

Encadré 6 : Genèse d'un paradigme

Les prémisses de ce qui deviendra le paradigme du développement durable remontent aux réflexions du Club de Rome qui alertaient déjà en 1970, sur les limites de la croissance économique. Le postulat était que le modèle de développement en vigueur basé sur l'industrie et la technologie, conduirait inévitablement à une pénurie de matières premières et à une hausse de la pollution, incompatibles avec la protection de la planète à long terme.

La Conférence des Nations Unies sur l'environnement tenue à Stockholm en 1972, fut la première illustration de la prise de conscience de la communauté internationale sur la thématique. Aussi en appela-t-elle aux gouvernements, d'unir leurs efforts pour préserver et améliorer l'environnement dans l'intérêt des peuples et des générations futures.

Il a fallu attendre 1987 pour que la Commission mondiale de l'environnement et du développement, rende publique, à travers le Rapport Brundtland, une première définition du développement durable qui sert encore de référence de nos jours.

C'est au Sommet de la Terre à Rio en 1992, que l'architecture conceptuelle, instrumentale et institutionnelle du développement durable fut véritablement dessinée. L'édifice a été par la suite consolidé par le Sommet Mondial sur le Développement Durable de 2002 et la Conférence des Nations Unies sur le développement durable de 2012.

Cette définition du développement durable, sous-entend deux enjeux. Le premier est l'équité intra et intergénérationnelle en matière d'utilisation de ressources naturelles épuisables. Le deuxième enjeu est la nécessaire conciliation à opérer entre la préservation de l'environnement, l'efficacité économique et le progrès social. Ainsi pour être soutenable, le développement doit résulter de l'accumulation, sur une longue période, de trois types de capital : le capital économique (conventionnel), le capital naturel (les ressources naturelles dont hérite une génération) et le capital social (la capacité intégrative d'une société, qui suppose en particulier une certaine équité d'accès aux ressources).

Du cadre de développement international 2016-2030

En septembre 2015, un nouveau cadre de développement international a été mis en place pour la période 2016-2030, à la suite des OMD arrivés à échéance. Ce cadre consiste en un programme universel qui repose sur six piliers à savoir : la dignité, les êtres humains, la prospérité, la planète, la justice et le partenariat. À ce programme, sont attachés 17 objectifs de développement durable (ODD) et 169 cibles. Plus détaillés, et en nombre plus élevé que les précédents Objectifs du Millénaire pour le Développement (OMD) avec un fort accent sur la durabilité, les ODD constituent de nouveaux engagements pour tous les pays du monde.

Encadré 7 : Les 17 Objectifs de Développement Durable (ODD)

ODD 1	Éliminer la pauvreté sous toutes ses formes et partout dans le monde
ODD 2	Éliminer la faim, assurer la sécurité alimentaire, améliorer la nutrition et promouvoir l'agriculture durable
ODD 3	Permettre à tous de vivre en bonne santé et promouvoir le bien-être de tous à tout âge
ODD 4	Assurer l'accès de tous à une éducation de qualité, sur un pied d'égalité, et promouvoir les possibilités d'apprentissage tout au long de la vie
ODD 5	Parvenir à l'égalité des sexes et autonomiser toutes les femmes et les filles
ODD 6	Garantir l'accès de tous à l'eau et à l'assainissement et assurer une gestion durable des ressources en eau

ODD 7	Garantir l'accès de tous à des services énergétiques fiables, durables et modernes, à un coût abordable
ODD 8	Promouvoir une croissance économique soutenue, partagée et durable, le plein emploi productif et un travail décent pour tous
ODD 9	Bâtir une infrastructure résiliente, promouvoir une industrialisation durable qui profite à tous et encourager l'innovation
ODD 10	Réduire les inégalités dans les pays et d'un pays à l'autre
ODD 11	Faire en sorte que les villes et les établissements humains soient ouverts à tous, sûrs, résilients et durables
ODD 12	Établir des modes de consommation et de production durables
ODD 13	Prendre d'urgence des mesures pour lutter contre les changements climatiques et leurs répercussions
ODD 14	Conserver et exploiter de manière durable les océans, les mers et les ressources marines aux fins du développement durable
ODD 15	Préserver et restaurer les écosystèmes terrestres, en veillant à les exploiter de façon durable, gérer durablement les forêts, lutter contre la désertification, enrayer et inverser le processus de dégradation des sols et mettre fin à l'appauvrissement de la biodiversité
ODD 16	Promouvoir l'avènement de sociétés pacifiques et ouvertes aux fins du développement durable, assurer l'accès de tous à la justice et mettre en place, à tous les niveaux, des institutions efficaces, responsables et ouvertes
ODD 17	Renforcer les moyens de mettre en œuvre le partenariat mondial pour le développement durable et le revitaliser.

2.1.3. Des modèles de développement

Un modèle de développement est un cadre de référence théorique et conceptuelle pour la gestion du développement. Ce cadre peut également reposer sur des faits stylisés[6] ou s'inspirer des bonnes pratiques. De l'indépendance à la fin de la décennie 70, la plupart des pays africains vont opter pour des

[6] Constat d'ordre empirique, généralement non quantifié, mais jugé représentatif du fonctionnement de l'économie.

modèles de développement basés sur l'industrialisation au détriment de la promotion du secteur agricole.

Deux types de modèles vont ainsi marquer la gestion du développement des États africains au cours de cette période. Il y avait d'une part, le modèle de développement autocentré qui cherchait à remplacer les importations par les produits industriels fabriqués localement. D'autre part, il y avait le modèle de développement extraverti basé sur la promotion des exportations. Si tous ces modèles partageaient une finalité commune à savoir, faire évoluer les structures économiques vers l'offre de produits industriels plus élaborés, ils divergeaient en revanche, sur la place à donner au commerce international.

L'application de ces modèles se soldera par un endettement insoutenable qui sera à l'origine des importants déséquilibres macroéconomiques enregistrés dans nombre de pays en développement. En réponse, les institutions financières internationales (Fonds monétaire international et Banque mondiale) vont concevoir et mettre en application, à compter des années 80, les programmes d'ajustement structurel (PAS). Inspiré du « Consensus de Washington »[7], ce modèle reposait sur la stabilisation macroéconomique et la libéralisation de l'économie comme conditions d'accès des pays concernés, aux financements nécessaires à leur développement.

Une vingtaine d'années plus tard, les PAS ont dû être abandonnés à leur tour, en raison de leurs résultats mitigés. Ils ont été remplacés en 1999, par les DSRP dans le cadre de l'IPPTE. Parallèlement, les questions de gouvernance et des droits humains ont émergé au début des années 2000, dans un contexte de mondialisation et de recul des rivalités idéologiques. Cette

[7] Le Consensus de Washington est un ensemble de politiques économiques recommandées par les institutions financières internationales dans les années 1980. Il prône notamment la libéralisation des marchés, la réduction des dépenses publiques, la privatisation des entreprises publiques, la maîtrise de l'inflation, la réforme fiscale et la promotion du commerce international.

évolution a amené à accorder une attention accrue au rôle et à la qualité des institutions. De structurel, l'ajustement devient institutionnel avec le recentrage de l'État dans la gestion de l'économie et la priorité accordée à la lutte contre la pauvreté ainsi qu'au développement humain, dans une perspective plus large.

À la fin de la première décennie du nouveau millénaire, les pays africains vont enregistrer de forts taux de croissance. Mais l'émergence visée dans leur stratégie de développement n'est pas au rendez-vous, en raison de rigidités structurelles qui empêchent la transformation de leurs économies. Les modèles de changements structurels ont été ainsi remis à l'ordre du jour.

2.1.4. Des schémas de croissance

À tout paradigme de développement est attaché un schéma de croissance. Plusieurs schémas de croissance se sont ainsi succédé au fil du temps : croissance économique, croissance pro-pauvre, croissance inclusive. Aujourd'hui, la perspective de développement durable, appelle à un schéma de croissance verte, c'est-à-dire le type de croissance qui promeut l'efficacité économique, l'amélioration du bien-être, mais aussi la viabilité écologique. Toutefois, dans des économies dominées par les ressources naturelles, ce schéma de croissance doit aller de pair avec une croissance équilibrée.

2.1.4.1. Une croissance économiquement efficace et durable

Les politiques publiques visant l'efficacité économique et la préservation de l'environnement, doivent s'appuyer sur quatre leviers : (i) l'investissement dans les secteurs « verts » et le capital naturel : agriculture, forêt et biodiversité, gestion de l'eau, gestion des déchets et énergies renouvelables ; (ii) le « verdissement » des secteurs traditionnels et la réduction des pressions sur le capital naturel : industrie, énergie (efficacité énergétique), les transports, le tourisme, l'habitat ; (iii) le renforcement de la résilience de l'économie et du capital naturel productif à travers la gestion des risques et des catastrophes et l'adaptation au changement climatique ; (iv) l'inclusion de tous les talents de la société à travers le développement du capital humain dans son ensemble, jeunes et femmes compris, des mondes ruraux et urbains, réduisant les disparités régionales. Ce dernier point étant transversal aux trois premiers.

2.1.4.2. Une croissance solidaire

La croissance verte a vocation à être solidaire : non seulement au sens de la solidarité intergénérationnelle (en lien avec le développement durable), mais aussi (et surtout) au sens de la solidarité intragénérationnelle (en termes d'attention particulière aux populations pauvres et vulnérables). Les dimensions environnementale et sociale de la croissance verte sont étroitement liées. La survie des populations pauvres ou vulnérables peut entraîner à court terme une dégradation du capital naturel. Inversement sortir de la « trappe à pauvreté », peut se faire en alliant une gestion patrimoniale du capital naturel avec la satisfaction des besoins de base et les opportunités de revenus.

2.1.4.3. Une croissance inclusive

La croissance verte a, en outre, vocation à être « socialement inclusive » c'est-à-dire une croissance élevée et soutenue, diversifiée entre les secteurs : (i) bénéficiant à toutes les catégories sociales et à toutes les régions du pays ; (ii) offrant des opportunités égales d'accès aux marchés et aux ressources ; (iii) protégeant les groupes vulnérables ; tout ceci au travers de la justice sociale et de la pluralité politique. La croissance inclusive tient compte ainsi des paramètres suivants : âge, genre, différences régionales ou géographiques, ainsi que l'équilibre entre secteurs. La croissance inclusive met l'accent sur le taux et le type de croissance, ces deux facteurs devant être abordés ensemble, car ils sont liés. Les politiques pour une croissance inclusive doivent traiter de l'emploi productif, plutôt que de l'emploi en soi ou la redistribution des revenus (BAD, 2012).

2.1.4.4. Une croissance équilibrée

Le schéma de croissance équilibrée est une croissance harmonieuse et durable obtenue en répartissant les ressources, les investissements et les opportunités de manière équilibrée entre différents secteurs économiques. Dans ce schéma, l'objectif est de développer simultanément plusieurs secteurs économiques, tels que l'agriculture, l'industrie, les services, le tourisme, les technologies de l'information, etc. Cela permet de diversifier l'économie et de réduire la dépendance excessive à un seul secteur ou à une seule ressource.

La croissance équilibrée repose sur plusieurs principes clés :

- La diversification des secteurs : Il s'agit de développer plusieurs secteurs économiques en parallèle, afin de répartir les risques et de créer des opportunités d'emploi et de croissance dans différents domaines.
- L'allocation équitable des ressources : Les ressources financières, les investissements, les infrastructures et les politiques doivent être répartis équitablement entre les différents secteurs économiques, afin de favoriser leur développement équilibré.
- La synergie entre les secteurs : Il est essentiel de promouvoir la collaboration et la complémentarité entre les différents secteurs économiques, en favorisant l'interconnexion et les liens synergiques entre eux.
- La durabilité environnementale : La croissance équilibrée doit également prendre en compte les aspects environnementaux, en favorisant des pratiques durables et respectueuses de l'environnement dans tous les secteurs économiques.

2.2. APPROCHES DE GESTION DU DÉVELOPPEMENT

La gestion du développement peut être conçue et mise en œuvre suivant une double approche : (i) l'approche systémique ; et (ii) l'approche fonctionnelle. Ces deux approches sont complémentaires.

Figure 1 : Les quatres systèmes de la gestion du développement

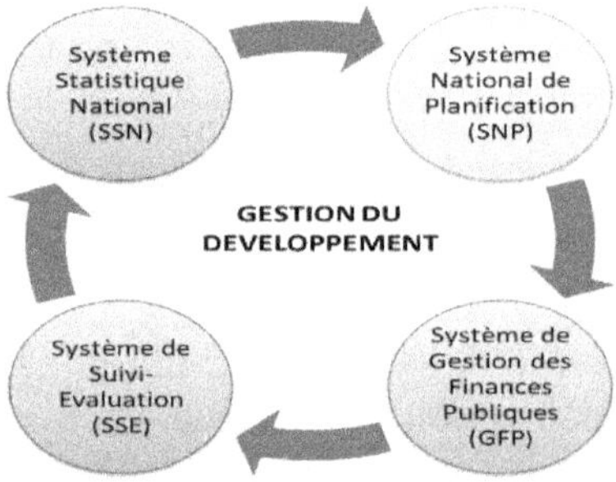

2.2.1. Approche systémique de gestion du développement

Dans le présent manuel, un système est un cadre institutionnel permanent regroupant différents acteurs, et dans lequel, des processus codifiés sont mis en œuvre, des techniques standardisées sont adoptées, pour prendre des décisions en matière de gestion du développement et veiller à leur application. Suivant cette optique, la gestion du développement est l'articulation de quatre (4) systèmes interdépendants (cf. figure 1, ci-dessus) : (i) le système statistique national (SSN) ; (ii) le système de gestion des finances publiques (la GFP) ; (iii) le système de suivi-évaluation (SSE) ; et (iv) le système national de planification (SNP).

2.2.1.1. Système statistique national

Le SSN est l'ensemble des moyens institutionnels, humains et financiers mis en œuvre pour la production, la diffusion et l'utilisation des statistiques officielles comme outils d'aide à la décision. Le SSN est aussi bien au service des autorités publiques, du secteur privé, de la société civile, que des centres de recherche, des instituts de formation et des partenaires au développement.

Le SSN comprend deux grandes catégories d'acteurs : les producteurs et les utilisateurs de données. Les premiers ont la tâche de collecter, de traiter, d'analyser et de diffuser des données, tandis que les seconds se servent de ces données, pour des prises de décision dans divers domaines de la vie nationale.

En Guinée, le SSN est le seul système de gestion du développement à faire l'objet d'une définition formelle. Selon les dispositions de l'article 2 de la loi L/2014/019/AN du 08 juillet 2014, le SSN est le cadre administratif regroupant les producteurs de statistiques publiques, les organes de coordination des activités statistiques et les institutions nationales de formations de statisticiens et démographes.

2.2.1.2. Système national de planification

Le SNP est l'ensemble des arrangements institutionnels et des processus techniques, utilisés pour organiser dans le temps et dans l'espace, au moyen des plans, programmes et projets, la production et la répartition de la richesse nationale.

L'objectif ultime d'un SNP est d'assurer une allocation optimale des ressources. Les différents niveaux du SNP correspondent aux échelons de l'organisation politico-administrative du pays tels que définis par les lois en vigueur, c'est-à-dire le Code des Collectivités Locales, pour le cas de la Guinée.

Les fonctions techniques d'un SNP sont : (i) la prospective (exploration des futurs possibles pour la construction d'une vision) ; (ii) la formulation des politiques publiques ; (iii) la planification sous ses différents aspects (global, sectoriel et spatial) ; et (iv) la programmation des investissements publics. Les fonctions financières d'un SNP sont : (i) la mobilisation et l'affectation des ressources extérieures pour le financement de projets de développement ; et (ii) la budgétisation des investissements publics.

Bien qu'étant un pays de tradition planificatrice, le SNP en Guinée est encore à l'état embryonnaire. L'une des ambitions du Ministère en charge du Plan est de parvenir à brève échéance, à sa structuration et à sa formalisation, pour en faire, un véritable levier de la gestion du développement. Les prémisses pour un SNP sont en place, notamment : l'organisation en huit (8) régions administratives du pays, et l'existence d'instruments de gestion du développement tels que la Vision Guinée 2040, le PNDES, le PNI et le PIP.

2.2.1.3. Système de gestion des finances publiques

Le système de gestion des finances publiques (la GFP) est l'ensemble des acteurs, des règles, des procédures et des processus, mis en œuvre pour : (i) la mobilisation et l'affectation en fonction des priorités de politiques publiques, des ressources budgétaires y compris le financement extérieur ; (ii) l'utilisation de manière transparente, efficiente et efficace des ressources ainsi affectées à travers des dépenses publiques financièrement soutenables.

Les principales fonctions de la GFP sont : (i) la planification stratégique (détermination des priorités de politiques publiques) ; (ii) la préparation budgétaire (mobilisation et affectation des ressources) ; (iii) la passation des marchés (appel à concurrence et contractualisation) ; (iv) l'exécution budgétaire (engagement, liquidation, ordonnancement et paiement) ; (v) la comptabilité et les rapports financiers (production d'informations financières et synthèses) ; (vi) le contrôle interne (vérifications de la conformité de l'exécution budgétaire aux autorisations et aux procédures) ;

et (vii) l'audit externe (évaluation de la fiabilité des rapports financiers) qui relève en Guinée de la Cour des Comptes.

2.2.2. Système de suivi et d'évaluation

Le SSE est l'ensemble des mécanismes institutionnels et des outils techniques mis en œuvre pour assurer la collecte, l'analyse et la synthèse d'informations sur la mise en œuvre des politiques publiques, à des fins de prise de décision, d'apprentissage, de dialogue sur les politiques et de reddition de compte.

Un SSE a trois fonctions essentielles : (i) une fonction statistique ; (ii) une fonction d'analyse et d'évaluation ; et (iii) une fonction d'aide à la décision. Il comprend une composante institutionnelle et deux composantes techniques à savoir le suivi et l'évaluation. La composante institutionnelle est l'ensemble des arrangements qui formalisent l'interaction des différentes parties prenantes au suivi et à l'évaluation.

Le suivi vise à apprécier la performance de l'action publique (programmes et projets) en se basant sur l'analyse d'un nombre réduit d'indicateurs de résultats de fréquence infra annuelle (mensuelle, trimestrielle ou semestrielle). Il existe plusieurs niveaux de suivi des programmes et projets publics en fonction de la chaîne des résultats : (i) le suivi des intrants ; (ii) le suivi des extrants ou produits ; et (iii) le suivi des effets.

L'évaluation vise à faire une appréciation épisodique et objective de l'action publique (programmes et projets), sous l'angle de sa conception, de sa mise en œuvre et de ses résultats obtenus. Elle repose sur un nombre important d'indicateurs de fréquence pluriannuelle, pour comprendre les résultats et expliquer leurs tendances. L'évaluation comprend : (i) l'audit de la performance des programmes, et (ii) les évaluations d'impacts.

2.2.3. Approche fonctionnelle de la gestion du développement

Au sens strict, la gestion du développement est une chaîne de fonctions, dont les maillons sont : la planification du développement, la programmation des investissements, le suivi et l'évaluation des politiques publiques (PPBSE). Suivant cette approche, la statistique, la prospective et le financement du développement sont traités comme des fonctions connexes à la chaîne PPBSE.

L'interrelation de ces fonctions dans le temps fait de la gestion du développement, un exercice cyclique sur une période pouvant s'étaler sur 25 voire 30 ans. Au début du cycle, se trouve la planification du développement (à long et moyen terme), elle-même, concrétisée à travers la programmation des investissements. La mise en œuvre des programmes et projets d'investissements ainsi que les résultats (produits, effets et impacts) qu'ils induisent, sont mesurés grâce au suivi et à l'évaluation qui viennent boucler le cycle de gestion. Par rétroaction, ces deux dernières fonctions, enclenchent à nouveau le cycle.

Figure 2 : La chaîne PPBSE

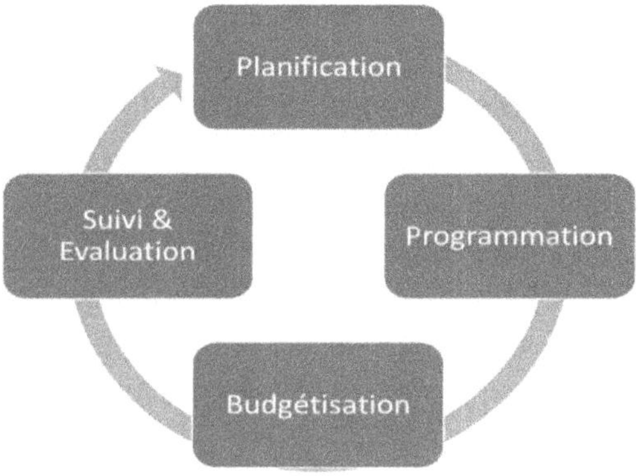

2.3. CADRE TEMPOREL DE LA GESTION DU DÉVELOPPEMENT

L'efficacité de la gestion du développement requiert de la part des décideurs, d'opérer des choix temporels cohérents. Pour atteindre des objectifs de moyen terme, ils doivent décider de ce qu'il faut faire dans le court terme puis dans l'année. Dans le même temps, pour concrétiser la vision nationale de long terme, ils doivent aussi décider de ce qui est à faire à moyen terme. Ainsi, la gestion du développement doit reposer sur un cadre temporel bien articulé, dont la charnière doit être le moyen terme.

2.3.1. Durée d'un cycle de gestion du développement

Idéalement, la durée d'un cycle de gestion du développement, devrait correspondre à celle d'une génération humaine, soit 25 ans : c'est-à-dire le temps pour une population adulte, dans les conditions normales de reproduction, de se renouveler. En revanche, pour des considérations d'ordre pratique, les horizons temporels dans un cycle de gestion du développement, doivent être imbriqués, de sorte à permettre une articulation logique des différents processus/instruments de PPBSE.

Ce manuel préconise de ce point de vue, un cycle de 30 ans. Ce qui correspondrait, par processus ou instrument de PPBSE, aux horizons temporels, ci-après : (i) 30 ans, pour l'ENP et donc, pour la vision nationale ; (ii) 15 ans pour le CDLT, ce qui signifie 2 réajustements des orientations stratégiques et des axes de développement, dans un cycle de 30 ans ; (iii) 6 à 10 ans pour toute politique publique de développement (sectorielle ou transversale) ; (iv) 10 ans, pour les SAT : de sorte à disposer de deux ou trois générations de cet instrument, à l'intérieur d'un cycle ; (v) 5 ans, pour le PND, de façon à élaborer 6 plans nationaux de développement à moyen terme pour opérationnaliser la Vision.

Selon les horizons temporels, la gestion du développement s'articule autour du long terme, du moyen terme, du court terme et de l'année.

2.3.2. Horizon de long terme

Au sens du présent manuel, le long terme est défini comme un horizon de 6 ans et plus. Suivant cette perspective, la gestion du développement est un exercice stratégique au regard des enjeux de long terme auquel doit faire face l'État.

À cet l'horizon, quel que soit le rôle que le marché est appelé à jouer, l'État continuera d'exercer un certain nombre de missions qui peuvent difficilement lui être contestées et qui lui imposent d'anticiper les tendances lourdes de la société en général. En effet, les défis sociaux que représentent la persistance de la pauvreté, le poids des jeunes dans la population, l'urbanisation galopante, le sous-emploi et le chômage, appellent à des actions publiques de longue haleine qui nécessite un référentiel stratégique de long terme.

Les instruments de gestion du développement à long terme sont : (i) le CDLT ; (ii) les politiques publiques de développement ; et (iii) les SAT.

2.3.3. Horizon de moyen terme

Le manuel définit le moyen terme comme un horizon de temps supérieur ou égal à 3 ans jusqu'à 5 ans. La gestion du développement suivant cette perspective, est un exercice à la fois stratégique et programmatique.

À moyen terme, l'État doit veiller à la cohérence de ses choix stratégiques avec les actions à mener pour opérationnaliser la vision nationale de long terme. Il doit également prendre en compte les retombées de certaines interventions initiées dans le court terme, ce qui requiert une allocation stratégique des ressources disponibles. Il en est ainsi, par exemple, des coûts récurrents des investissements réalisés et qui doivent être intégrés dans la programmation pluriannuelle. À moyen terme, il y a aussi à prendre en compte les actions publiques dont la mise en œuvre va au-delà du court terme. C'est le cas des grands projets d'infrastructures qui requièrent des études techniques (préfaisabilité et faisabilité), des études environnementales et des études de rentabilité (financière et économique). Toutes ces actions doivent être judicieusement programmées en fonction de leur degré de maturité.

Les instruments de gestion du développement à moyen terme sont : (i) le plan national de développement à moyen terme (PND) ; et (ii) les stratégies sectorielles ou sous-sectorielles.

2.3.4. Horizon de court terme

Le présent manuel conçoit le court terme comme la période qui va d'un an jusqu'à 2 ans, voire 3 ans (dans certains contextes nationaux). La gestion du développement à court terme est un exercice programmatique et budgétaire.

L'action de l'État à court terme consiste en des allocations budgétaires, en même temps qu'il veille au maintien des équilibres financiers internes et externes du pays. L'État agit dans ce cas, à travers la politique économique pour assurer la stabilité macroéconomique, facteur déterminant pour les investissements et la croissance. Elle conditionne l'efficacité des actions à moyen terme.

Les instruments de gestion du développement à court terme sont : (i) le budget économique c'est-à-dire le cadrage macroéconomique (ii) le cadre budgétaire à moyen terme (CBMT) ; (iii) les cadre de dépenses à moyen terme (CDMT) ; et (iv) le programme d'investissements publics (PIP).

2.3.5. Horizon annuel

Le cadre annuel de la gestion du développement est la loi de finances. Celle-ci étant définie comme l'acte qui précise les orientations et les actions du gouvernement pour une année civile. La gestion du développement dans cette perspective est un exercice budgétaire et opérationnel.

C'est au cours de l'année que l'État met en œuvre son budget qui est l'expression financière de sa politique. Il doit collecter les impôts et taxes, mobiliser les ressources extérieures et exécuter les dépenses publiques de fonctionnement et d'investissements. Il doit également faire face à la conjoncture.

Bien que le cadre temporel soit l'année, l'action de l'État doit s'inscrire dans la durée et de manière cohérente d'une année sur l'autre. Les choix opérés dans la loi de finances doivent se faire en référence aux stratégies globales et sectorielles élaborées sur le moyen ou long terme.

Les instruments de gestion annuelle du développement sont des instruments de gestion budgétaire : (i) les budgets de programmes ; (ii) les projets annuels de performance (PAP) ; et (iii) les rapports annuels de performance (RAP).

2.4. Vision nationale et instruments de PPBSE

Les bonnes pratiques en gestion du développement requièrent que les instruments de PPBSE soient élaborés pour opérationnaliser une vision nationale, en tant que but à atteindre et en tant que direction dans laquelle le pays doit avancer. Dans cette optique, quatre catégories d'instruments sont à distinguer : (i) les instruments de planification, (ii) les instruments de programmation ; (iii) les instruments de budgétisation et (iv) les instruments de suivi et d'évaluation.

2.4.1. Vision nationale

La Vision est une expression qualitative des buts que le pays souhaite atteindre à long terme (25 ou 30 ans). Elle traduit d'abord et avant tout, les désirs et les attentes partagés de la collectivité nationale à l'égard de son futur. C'est pourquoi, elle requiert l'implication des forces vives dans sa construction et surtout leur adhésion à la mise en œuvre de cette ambition commune qu'elle représente. Mais sans réalisation concrète, la Vision n'est qu'une utopie. D'où la nécessité de la traduire dans des politiques publiques dont la mise en œuvre, le suivi et l'évaluation au moyen des instruments de PPBSE, permettent de réaliser cette Vision dans le temps et dans l'espace.

2.4.2. Instruments de planification

Les instruments de planification sont : le Cadre de Développement à Long Terme (CDLT) et les politiques sectorielles en tant que composantes des politiques publiques de développement.

2.4.2.1. Cadre de Développement à Long Terme

Le CDLT est l'aboutissement logique de l'Étude Nationale Prospective. Il constitue le cadre d'opérationnalisation de la Vision. Il revêt de ce point de vue, une importance particulière pour le planificateur. Le CDLT comprend : (i) des orientations stratégiques pour guider le choix des politiques publiques ; (ii) des axes de développement qui indiquent les grands domaines dans lesquels ces politiques doivent être menées ; et (iii) des objectifs de développement à long terme que doivent viser ces politiques. En même temps, qu'il sert de référentiels pour toutes les politiques sectorielles, le CDLT indique la trajectoire et le séquençage temporel choisis pour réaliser la vision nationale.

2.4.2.2. Politiques sectorielles

Une politique sectorielle est un instrument de gestion du développement élaborée pour promouvoir le développement dans un secteur particulier de l'économie ou de la société. Ces politiques sont conçues pour répondre aux besoins, aux défis et aux opportunités spécifiques des secteurs tels que définis dans la nomenclature sectorielle à savoir : (i) les secteurs régaliens ; (ii) les secteurs productifs ; (iii) les secteurs de soutien à la production ; (iv) les secteurs du capital humain ; et (v) le secteur du cadre de vie. Les politiques sectorielles impliquent souvent des mesures, des réglementations et des investissements ciblés visant à stimuler la croissance et l'efficacité dans ce domaine particulier.

2.4.2.3. Politiques publiques

Une politique publique (PP) est le terme générique pour désigner l'action menée par l'État et ses démembrements en réponse à un problème de développement. Les PP sont définies dans différents domaines de la vie publique : société, économie, institution, environnement, culture, technologie, santé, éducation, protection sociale, sécurité…

<u>Encadré</u> 8 : Typologie des politiques publiques

Politiques nationales	**Politiques locales**
Lois et règlements de portée nationale	Règlements de portée locale
Politiques de développement (national)	Politiques de développement (local)
Politiques macroéconomiques	…
Politique économique	…
Politique budgétaire	…
Politique monétaire	…
Politique de change	…
Politiques structurelles	…
Politiques sectorielles	Politiques sectorielles
Secteurs régaliens	Compétence locale # 1
Secteurs productifs	
Secteurs de soutien à la production	…
Secteurs de valorisation du capital humain	
Secteur de durabilité environnementale	Compétence locale # n

Une PP peut ainsi revêtir l'une ou plusieurs des formes suivantes : (i) un référentiel qui pose les fondements de l'action publique en énonçant la vision dans laquelle elle s'inscrit ainsi que les valeurs et principes devant encadrer sa mise en œuvre ; (ii) un cadre stratégique qui oriente l'action publique dans différents domaines, en lui assignant des objectifs et cibles à atteindre ; (iii) des instruments juridiques tels que les lois et règlements ; (iv) des instruments programmatiques, les plans, programmes et projets ; (v) des instruments financiers comme le budget de l'État et de ses démembrements incluant toutes les recettes (impôts et taxes, dons et emprunts) et toutes les dépenses publiques y compris les dépenses de fonctionnement, les subventions et les dépenses d'investissements.

Idéalement, la formulation des PP est un prérequis pour l'élaboration du PND, du PNI/PIP, des CBMT/CDMT, du PAP et du RAP. L'encadré 8, présente la typologie des politiques publiques telles que conçues dans le présent manuel.

2.4.3. Instruments de programmation

Les instruments de programmation sont : les schémas d'aménagement du territoire (SAT) et les plans de développement à moyen terme.

2.4.3.1. Schémas d'Aménagement du Territoire

Un schéma aménagement du territoire (SAT) est un cadre de référence politique, administratif, juridique, technique pour la programmation multisectorielle des investissements physiques à réaliser dans un territoire. Les SAT ont vocation à promouvoir le développement harmonieux et durable des différents territoires qui constituent la collectivité nationale tout en préservant la capacité productive du milieu. Le SAT assure pour le long terme, l'organisation de l'utilisation de l'espace, orientent l'implantation des grands programmes d'infrastructures et équipements et définissent les orientations générales de l'expansion urbaine tenant compte des risques naturels et des impacts sur l'environnement. Le SAT peut être élaboré : (i) au niveau national. Il s'agit du Schéma National d'Aménagement du Territoire (SNAT) ; et (i) au niveau régional, les Schémas Régionaux d'Aménagement du Territoire (SRAT). En fonction de l'organisation politico-administratif, il peut y avoir aussi, des schémas infra régionaux d'aménagement du territoire.

2.4.3.2. Plan National de Développement à Moyen Terme

Le Plan National de Développement à moyen terme (PND) est un ensemble cohérent d'objectifs (ce que l'on veut avoir), de stratégie (comment atteindre ces objectifs) et d'actions pour atteindre efficacement ces objectifs.

Articulé au cadre de planification à long terme, le plan est un outil d'opérationnalisation à moyen terme, de la vision nationale. C'est un cadre de cohérence des politiques publiques de développement sectorielles et transversales existantes. Il doit en effet être « la traduction technique et cohérente des choix politiques. Il détermine au cours d'un horizon donné (5 ans) des ordres de priorités, réalise des choix intertemporels, intersectoriels et interterritoriaux (choix des objectifs) en prenant en compte les structures actuelles, les tendances lourdes lointaines récentes et les possibilités financières, mais également humaines (appréhension des contraintes) et en choisissant un certain nombre de moyens permettant d'atteindre ces objectifs ».

2.4.4. Instruments de budgétisation

Les instruments de budgétisation sont : le Cadre Budgétaire à Moyen Terme (CBMT), les Stratégies Sectorielles/Ministérielles, le Cadre de Dépenses à Moyen Terme (CDMT), le Programme d'Investissement Public (PIP)

2.4.4.1. Cadre Budgétaire à Moyen Terme

Le CBMT est l'instrument de programmation pluriannuelle glissant pour l'ensemble des recettes et des dépenses. Le CBMT couvre une période minimale de trois ans, la première année correspondant à l'exercice visé par le projet de loi de finances. Le CBMT se compose de deux parties : une partie décrivant les perspectives de recettes et une partie consacrée aux dépenses budgétaires. Le CBMT est structuré sur la base de la nomenclature budgétaire en vigueur. Il ne présente pas d'informations sur les programmes ni sur la performance attendue. Le CBMT a ainsi une vocation de cadrage global. Le CBMT couvre le secteur public au sens large, y compris les organismes publics, les collectivités territoriales, les établissements publics à caractère administratif, les entreprises publiques et les organismes de protection sociale.

2.4.4.2. Cadre de Dépenses à Moyen Terme

Le CDMT est la traduction financière des priorités d'un secteur donné, sur une période triennale. Il contient les crédits prévisionnels de ce département ainsi que leur répartition par programme. Le CDMT doit également faire apparaitre la répartition prévisionnelle des emplois rémunérés par l'État. Les cadres de programmation pluriannuelle des dépenses (CDMT) se basent sur une classification programmatique et comprennent des informations précises sur la performance à côté de l'évaluation des coûts. Le CDMT sert à la préparation des budgets ministériels. Le CDMT est cadré par le CBMT et reflète au niveau ministériel, les contraintes macro-budgétaires sous-jacentes.

2.4.4.3. Stratégies ministérielles/sectorielles

La stratégie indique le cheminement pour parvenir aux objectifs sans se confondre avec ces derniers. Elle a pour finalité de dégager des priorités d'actions.

Stratégie et plan sont des concepts proches et même interchangeables. Ils sont toutefois distincts en leur démarche respective. Le plan privilégie la relation objectifs – > contraintes. Alors que pour la stratégie, ce sont les contraintes qui sont déterminantes, et non pas les objectifs. C'est ainsi que dans un contexte de rareté de ressources, il faut tenir compte des financements mobilisables pour déterminer, du moins, ajuster les objectifs.

Stratégie et politique ne sont pas, en revanche, interchangeables. La stratégie est subordonnée à la politique. Elle est aussi au service de cette dernière : il ne peut y avoir de stratégie réussie sans que soit définie au préalable, une politique véritable. La politique s'impose à la stratégie en lui fixant des buts à atteindre, des contraintes à lever et des critères à respecter.

2.4.4.4. Programme d'Investissements Publics

Le présent manuel conçoit le PIP à la fois comme un programme, une prévision de dépenses et un support de présentation des investissements publics.

Le PIP est d'abord un programme, c'est à dire un regroupement d'activités ou de projets de développement judicieusement sélectionnés et mis en œuvre pour répondre à un besoin exprimé. Un programme implique donc un objectif global qui justifie sa raison d'être et des objectifs spécifiques liés aux activités ou aux projets. Dans le cadre des PIP, l'objectif visé doit refléter les politiques et priorités gouvernementales telles que contenues dans les plans ou cadres stratégiques de développement.

Dans la pratique, le PIP est un ensemble d'opérations physiques à réaliser sur une période de trois (3) ans ; ce qui suppose une maîtrise desdites opérations tant dans leur ordonnancement que dans leurs spécificités techniques. En conséquence, la mise en œuvre du PIP doit s'inscrire dans un cadre pluriannuel.

Le PIP est ensuite une prévision : (i) de dépenses annuelles inscrites au budget de l'État, objet de loi de finances ; et aussi (ii) de dépenses pluriannuelles en tant que composantes des CDMT. Son élaboration implique donc le respect de la discipline budgétaire (respect des contraintes macroéconomiques et du cadre réglementaire), une allocation stratégique des ressources (prise en compte des priorités de politique publique) ; et la recherche de l'efficacité des dépenses publiques ; les trois fonctions clés reconnues à la budgétisation. C'est pour cela que la programmation des investissements publics doit être une partie intégrante de la programmation budgétaire pluriannuelle et avoir comme base le CBMT et les CDMT.

Le PIP doit être par ailleurs conçu comme un support de présentation des projets d'investissements publics et prendre la forme de document au même titre que les autres documents programmatiques. En outre étant donné ses implications sur l'équilibre interne et externe des finances de l'État, le PIP doit faire l'objet, d'une manière ou d'une autre d'un examen par le parlement. À cet effet, son esquisse pourrait figurer au titre des documents supports du débat d'orientation budgétaire (DOB).

2.4.5. Instruments de suivi et d'évaluation

Les instruments de suivi et d'évaluation sont : les Projets et Rapports Annuels de Performance (PAP/RAP).

2.4.5.1. Projet annuel de performance

D'après les dispositions de l'article 46 de la Loi Organique relative aux Lois de Finances du 27 juin 2014, les PAP sont des annexes obligatoires au projet de loi de finances. Ils sont les supports des choix budgétaires. D'après le guide didactique de la même directive, le PAP doit être élaboré pour chaque programme et avoir un contenu articulé autour des points suivants : (i) une présentation stratégique du programme considéré ; (ii) une présentation des réformes et autres instruments à partir desquels la performance du programme peut être améliorée ; (iii) une brève description du programme ; et (iv) une présentation détaillée des objectifs du programme et des indicateurs

2.4.5.2. Rapport annuel de performance

Le rapport annuel de performance (RAP) est le principal document de suivi de la performance au niveau ministériel. Le RAP a deux fonctions. Au sein de l'exécutif, il permet de tirer les leçons de l'exécution du budget de l'année n-1 pour la préparation du budget de l'année n+1. Annexé au projet de loi de règlement, il répond aux obligations de « redevabilité », l'exécutif rendant des comptes sur les résultats atteints en matière de performance.

Le RAP suit une présentation analogue à celle du PAP, en se concentrant sur l'exposition des résultats, leur explication, et leur évaluation. Il décrit les activités conduites au cours de l'année sous revue, comme un rapport d'activités classique, puis il présente les résultats en matière de performance, sur la base du suivi des indicateurs figurant dans le PAP et éventuellement d'autres éléments, et les interprète.

3. ÉTUDE NATIONALE PROSPECTIVE

L'Étude Nationale Prospective (ENP) est l'un des trois (3) processus techniques conduits sous mon autorité. Les deux (2) autres étant, l'élaboration du PNDES et l'élaboration du PNI pour la période 2016-2020.

Cette partie qui est consacrée à l'ENP, s'articule autour de trois points essentiels : (i) les éléments de contexte ; (ii) la justification de l'ENP Guinée 2040 ; et (iii) les conclusions de l'Étude proprement dite.

3.1. ÉLÉMENTS DE CONTEXTE

La décision du Gouvernement de s'engager dans le processus de l'ENP s'inscrit dans la tradition planificatrice du pays. Elle est aussi l'expression de la volonté politique des autorités de la 3e république de restaurer le plan de développement. Le lancement de l'ENP est aussi marqué par le bilan de la mise en œuvre du Plan Quinquennal 2011-2015.

3.1.1. Tradition planificatrice de la Guinée

La planification du développement est une tradition qui remonte à la Guinée en tant que Colonie, et qui s'est poursuivie dans la Guinée en tant qu'État indépendant et souverain.

3.1.1.1. Période 1950-1958 : naissance du plan de développement

La période 1950-1958 a vu la naissance des plans avec l'élaboration par le Gouverneur Roland PRE, d'un schéma de développement cohérent prenant en compte toutes les potentialités qu'offrait la Guinée. Tous les projets inscrits dans ce plan ont connu un début de mise en œuvre, impulsant ainsi le développement de la Guinée jusqu'à l'accession du pays à l'indépendance le 2 octobre 1958.

3.1.1.2. Période 1960-1984 : les premiers plans de la Guinée indépendante

Le premier plan de la Guinée remonte à 1960, deux années après l'indépendance avec le Plan triennal 1960-1963. Par la suite trois autres plans furent mis en œuvre avec plus ou moins de réussite : le Plan septennal (1964-1971), le 1er Plan Quinquennal 1973-1978 et le 2e Plan Quinquennal 1980-1985. La mise en œuvre de ce dernier plan fut interrompue à la prise du pouvoir par l'armée en 1984. Les résultats de ces différents plans, après 26 années d'indépendance, ont été en deca des attentes avec la paralysie de l'administration centrale, la marginalisation du secteur rural, la dégradation des infrastructures de transport et l'accroissement de la dépendance par rapport au secteur minier.

3.1.1.3. Période 1984-2000 : la période d'ajustement structurel

Au cours de cette période, ce sont les documents-cadres de politique économique qui sous-tendent les programmes d'ajustement structurel appuyés par les institutions de Bretton Woods, qui se sont substitués aux plans comme les seuls référentiels des politiques publiques. Ainsi, se sont succédé les programmes de réformes économiques et financières (PREF 1 et 2), appuyés respectivement par la Facilité d'Ajustement Structurel (FAS) et la Facilité d'Ajustement Structurel Renforcée (FASR). Si les programmes d'ajustement structurels de la période ont permis d'amorcer les réformes économiques et contribué ainsi au rétablissement des équilibres macroéconomiques, en revanche, ils n'ont pu inverser les tendances à la paupérisation des populations.

3.1.1.4. Année 1996 : l'introduction de la prospective

Les programmes d'ajustement structurel n'ont pas également su traiter à fond, et d'une manière générale, les grands problèmes de développement, notamment, la gestion du long terme ainsi que le choix de société. C'est ainsi qu'en 1996, le Gouvernement guinéen a pris conscience de la nécessité de doter le pays d'une vision de long terme intitulée « Guinée Vision 2010 ».

Cette vision sur un horizon de 15 ans transcendait les programmes successifs d'ajustement et de stabilisation macroéconomique et sectorielle de court terme. Ce travail de réflexion avait permis d'identifier les contraintes et les atouts, et de proposer des stratégies macroéconomiques, sectorielles et régionales conséquentes en les situant dans un cadre plus global et plus prospectif.

Malheureusement, « Guinée Vision 2010 » n'a pas permis d'atteindre les résultats escomptés en termes de développement économique et social ; et ce pour plusieurs raisons. D'abord, le document a été élaboré par la seule administration publique et n'a reflété par conséquent, que sa seule vision. Ensuite, les outils classiques de prospective n'ont pas véritablement été mis à contribution.

3.1.1.5. Période 2003-2015 : l'ère des stratégies de réduction de la pauvreté

Avec son éligibilité à l'Initiative des pays pauvres très endettés (PPTE), la Guinée s'est engagée dans les processus d'élaboration des Documents de Stratégie de Réduction de la Pauvreté (DSRP). C'est ainsi qu'il y eut trois (3) générations de Documents de Stratégie de Réduction de la Pauvreté (DSRP) qui ont servi de cadre de référence pour les actions de développement sur la période allant de 2003 à 2015. Il s'agit du DSRP 1 : 2003-2006 ; du DSRP 2 : 2007-2010 (prorogé jusqu'en 2012) et du DSRP 3 : 2011-2015.

3.1.2. Volonté politique

La décision de réaliser l'ENP Guinée 2040 est l'expression de la volonté politique de faire du Plan, le cadre programmatique privilégié du développement en Guinée. Une ambition clairement affirmée par le Premier Ministre dans sa Déclaration de Politique Générale devant l'Assemblée nationale le 04 mai 2016 [...] citation, « C'est en réussissant notre planification que nous planifierons notre réussite. En effet, notre ambition est de réhabiliter la chaîne prospective-planification-programmation-budgétisation et suivi-évaluation, afin de mieux gérer le processus de conception et de mise en œuvre des chantiers du développement national qui doivent être programmés suffisamment à l'avance et s'exécuter dans le respect strict de la réglementation définie. À cette fin, le Gouvernement procédera à la finalisation de l'étude prospective Guinée, Vision 2040, ainsi qu'à l'élaboration du Plan Quinquennal 2016-2020 et du Programme d'Investissements Publics (PIP). »

3.1.3. Bilan de la mise en œuvre du PQ 2011-2015

La Guinée a voulu réécrire à partir de 2011, son avenir avec une ambition d'aller vers l'émergence dans les 25-30 prochaines années. Dans cette perspective, le PQ 2011-2015 était basé sur un narratif articulé autour de : (i) la restauration de l'État de droit et le retour rapide à la stabilité macro-économique, (ii) la réalisation du potentiel économique du pays pour le bénéfice des Guinéens en s'appuyant sur une gestion intégrée des ressources naturelles (agriculture, mines, énergie).

Le PQ a bénéficié durant ses premières années de mise en œuvre de conditions politiques, macroéconomiques, financières et sociales favorables. Cette situation a contribué à l'atteinte du point d'achèvement de l'Initiative des Pays Pauvres Très Endettés (IPPTE) en septembre 2012 avec à la clé, une réduction substantielle du stock de la dette. Malgré cela, la perspective du plan quinquennal à l'horizon 2015, n'a pu être réalisée comme prévu. Le principal facteur explicatif de cette contre-performance est la fragilité systémique du pays. Une situation analysée comme une tendance lourde à laquelle il faut faire face en inscrivant les politiques publiques dans une perspective à long terme.

3.2. JUSTIFICATIONS DE L'ENP GUINÉE 2040

À ma position de Ministre en charge du Plan, je voyais dans l'engagement du pays dans l'ENP Guinée 2040, les justifications ci-après : (i) la nécessité de répondre à la situation de fragilité du pays ; (ii) la nécessité d'une prise de conscience des incertitudes attachées aux profondes mutations mondiales ; (iii) le renforcement des capacités d'anticipation ; et (iv) la recherche d'une efficacité accrue des politiques publiques.

3.2.1. Réponses à la situation de fragilité de la Guinée

La problématique majeure du développement de la Guinée reste sa situation de fragilité. En 2016, la Guinée était classée[8] au 12e rang (sur 178) des pays les plus fragiles au monde, après avoir occupé la 10e position dans le même classement en 2015. Cette fragilité est systémique en raison de son caractère multidimensionnel et de la complexité de ses facteurs générateurs.

3.2.1.1. Importance de l'évaluation de la fragilité de la Guinée

Évaluer la fragilité de la Guinée permettait d'identifier les causes sous-jacentes aux retards injustifiés du pays dans le

[8] http://fsi.fundforpeace.org/rankings. Ce classement est établi chaque année par le Fonds pour la Paix.

domaine du développement. Par ailleurs, en tant que tendance lourde, la fragilité, au regard de ces manifestations, devrait être mieux cernée dans le cadre de l'ENP, en vue de construire des scénarios d'avenir, qui soient réalistes.

Cette démarche amènerait à élaborer des politiques ciblées, à renforcer la résilience des institutions et des communautés, et à promouvoir un développement plus stable. Ceci est particulièrement important dans les contextes où la fragilité peut entraver la croissance économique, la sécurité et le bien-être général de la population.

C'est pourquoi, j'ai pris l'initiative de faire une évaluation de la fragilité en vue de cerner ses facteurs déterminants et d'identifier les points d'entrée pour les politiques publiques futures orientées vers la résilience.

Encadré 9 : Concepts de fragilité

La fragilité est une thématique émergente dans la théorie du développement économique. Elle est utilisée pour caractériser certains pays, qui « de par leur contexte historique ou leurs récentes évolutions, présentent des risques additionnels de vulnérabilité et de conflit par rapport à ceux présents habituellement dans les pays en voie de développement. Les pays dits fragiles exhibent des caractéristiques dans leurs activités économique, politique et sociale qui affaiblissent leur fibre sociale, réduisent l'efficacité de leurs politiques de développement, et parfois les mènent à des conflits internes destructifs. L'expérience internationale semble indiquer qu'une grande proportion des conflits armés depuis la fin de la Seconde Guerre mondiale est le résultat de tensions internes aux pays et émanent de la persistance de problèmes tels que l'exclusion, la pauvreté, le chômage, les fortes migrations, l'urbanisation rapide ou encore une mauvaise gestion des ressources humaines, financières ou naturelles du pays. »

La fragilité est également utilisée pour caractériser les capacités d'un État. De ce point de vue[9], un État « fragile » est un État pour lequel le gouvernement et les instances étatiques n'ont pas les moyens et/ou la volonté politique d'assurer la sécurité et la protection des citoyens, de gérer efficacement les affaires publiques et de lutter contre la pauvreté. La fragilité c'est aussi l'incapacité d'un État à répondre aux attentes de sa population ou à gérer l'évolution de ces attentes par des processus politiques.

---

[9] *Ibid.*

La fragilité couvre plusieurs dimensions de la gouvernance : gouvernance politique et sociale, gouvernance économique et financière, gouvernance administrative, locale et environnementale. Les tensions socio-politiques cristallisent la fragilité d'un pays. L'activité économique et le partage des richesses, la gestion des flux migratoires (comme dans le cas de la MVE, par exemple), sont des facteurs de fragilité. La fragilité peut aussi s'expliquer en termes de sécurité. Les risques de guerres et de conflits ethniques ou communautaires sont des facteurs importants de fragilité.

Les risques liés à la mauvaise qualité de la gouvernance sont des germes de fragilité. Ce qui suggère de prêter attention à : (i) l'équilibre des pouvoirs législatifs, judiciaires et exécutifs ; (ii) au respect des libertés fondamentales ; (iii) au fonctionnement du système des partis politiques ; (iv) la capacité à créer des consensus au sein de l'Assemblée nationale et au-delà autour d'une vision commune de développement.

De l'évaluation de la fragilité, il ressort les traits caractéristiques ci-après de la Guinée : (i) un pays dont la singularité réelle au plan politique, reste l'incapacité des acteurs à assumer le pluralisme ; (ii) un pays à fort potentiel de violence politique en lien avec la tendance à l'instrumentalisation de la question ethnique ; (iii) un État néo-patrimonial, anti-développementaliste, du fait : (α) de son incapacité à assumer ses missions essentielles de service public et de promotion du bien-être, de la sécurité et de prospérité pour tous ; et (β) une administration minée par la corruption et incapable de fournir des services adéquats, aussi bien en termes de qualité que de quantité.

Les facteurs économiques ressorties de l'évaluation de la fragilité traduisent par ailleurs les faiblesses de la gouvernance économique du pays, au nombre desquelles : (i) la propension à confondre ressources publiques et ressources privées, droits de propriété publics et droits de propriété privés ; (ii) l'instabilité, l'incohérence et le manque de rigueur du cadre juridique et du code de conduite favorisant les dispositions arbitraires ; (iii) des réglementations qui empêchent l'affectation optimale des ressources et suscitent la recherche de rente ; (iv) le gaspillage et la corruption ; (v) l'absence de système de comptabilité publique fiable et faible compétence des cadres de ce secteur.

Encadré 10 : Profondes mutations au niveau international

L'ENP trouve l'une de ses justifications dans les profondes mutations qui affectent le monde. Dès lors, la Guinée doit avoir la capacité de répondre aux défis liés à ces changements, dans la perspective d'un bien-être accru de ses citoyens. Au nombre de ces mutations, il peut être cité :

- L'accélération de la mondialisation avec comme conséquence : l'interdépendance politique, économique, environnementale et sociétale des nations ;
- L'apparition de nouveaux acteurs mondiaux, parmi eux : la Russie, l'Inde, la Chine et la Turquie
- Les changements de paradigme de développement avec la reconnaissance de la durabilité comme 3e dimension du développement consacrée par ailleurs par les ODD
- La révolution numérique avec l'avènement d'internet haut débit, des smartphones, des médias sociaux, de l'intelligence artificielle (IA).
- La montée en puissance du terrorisme dont la principale manifestation est l'invasion du sahel par le djihadisme avec des percées dans le nord des pays côtiers.

3.2.2. Prise de conscience de la montée des incertitudes

Les profondes mutations dans le monde engendrent diverses incertitudes qui touchent de multiples aspects de la société. Prendre conscience de ces incertitudes dans une réflexion prospective, permet de faire des options stratégiques dans le sens de l'avenir souhaité.

3.2.2.1. Incertitudes attachées à l'accélération de la mondialisation

Se caractérisant par une interdépendance politique, économique, environnementale et sociétale accrue des nations, l'accélération de la mondialisation est porteuse d'incertitudes au nombre desquelles : (i) des fluctuations économiques plus rapides et plus imprévisibles ; (ii) la désorganisation des marchés de l'emploi causées par des délocalisations courantes d'entreprises et des opportunités professionnelles de plus en plus instables ; (iii) la vulnérabilité de toutes les nations du monde aux crises financières ; (iv) une dégradation poussée de l'environnement en lien avec les pressions sur les ressources naturelles ; (v) l'insécurité alimentaire et énergétique ; (vi) des dynamiques géopolitiques sources de conflits potentiels ; (vii) des adaptations à l'évolution des normes et autres règlementations commerciales ; (viii) le creusement des inégalités sociales ; (ix) l'aggravation des risques sanitaires ; et (x) la mise à mal de l'identité culturelle.

3.2.2.2. Incertitudes attachées à l'apparition de nouveaux acteurs mondiaux

Parmi ces nouveaux acteurs figurent la Russie, l'Inde, la Chine et la Turquie. Les incertitudes induites par cette situation, s'expriment en termes : (i) de dépendance économique ; (ii) d'influence géopolitique ; (iii) de conséquences à long terme des investissements directs et des prêts ; (iv) de risques potentiels sur la stabilité politique et la paix ; (v) de complexité des relations avec des partenaires multiples ; (vi) d'accès aux technologies ; (vii) de bouleversement des rapports de force entre puissances ; (viii) d'exigences de respect du droit international ainsi que des normes et valeurs qui guident les relations internationales ; (ix) de fonctionnement du marché mondial de l'énergie ; et (x) d'atteinte à l'identité culturelle.

3.2.2.3. Incertitudes attachées au changement du paradigme

L'émergence de la durabilité comme 3e dimension du développement, en plus de l'économie et du social, est source d'incertitudes liées : (i) aux difficultés d'accès aux ressources pour financer les actions de développement durable ; (ii) aux capacités institutionnelles nécessaires pour concevoir, mettre en œuvre et évaluer des politiques publiques de développement durable ; (iii) aux ajustements à opérer dans les secteurs traditionnels pour amorcer la transition vers une économie verte ; (iv) aux impacts des changements climatiques sur les ressources naturelles, l'agriculture et les conditions de vie ; et (v) à l'insuffisance d'accès à la technologie nécessaire pour mettre en application les modes de consommation et de production durables.

D'autres incertitudes sont liées : (vi) aux risques d'inégalités sociales, si les avantages de la transition vers l'économie verte ne sont pas distribués équitablement ; (vii) à la volatilité des prix des matières premières dont sont dépendantes des pays comme la Guinée ; (viii) aux capacités à mettre en place des systèmes résilients aux crises, qu'elles soient économiques, climatiques ou sanitaires ; (ix) à la nécessité de coordonner les efforts internationaux en réponse aux problèmes environnementaux ; (x) aux obstacles financiers, technologiques et structurels attachés à l'approvisionnement énergétique ; (xi) aux contraintes liées à la mise en place de système efficace de gestion des déchets ; et (xii) aux pressions exercées par l'exploitation des ressources naturelles et aux impacts des changements climatiques.

3.2.2.4. Incertitudes attachées à la révolution numérique

La révolution numérique crée diverses incertitudes liées, pour la plupart : (i) à la rapidité avec laquelle de nouvelles technologies émergent et sont adoptées ; (ii) à la modification du paysage de l'emploi induite par l'automatisation ; (iii) à la manière dont les informations personnelles sont utilisées et sécurisées ; (iv) aux risques de cyberattaques en lien avec la dépendance accrue aux technologies numériques ; (v) à la durabilité des industries traditionnelles ; (vi) à l'accès inégal aux technologies numériques ; (vii) aux changements dans les modes d'apprentissage du fait de la numérisation des pratiques éducatives ; (ix) à l'évolution des médias vers des plateformes numériques ; et (x) à l'insuffisance des textes légaux et règlementaires pour encadrer le secteur du numérique en général et l'éthique de l'intelligence artificielle en particulier.

3.2.2.5. Incertitudes attachées à la montée en puissance du terrorisme

La montée en puissance du terrorisme qui créent des incertitudes qui : (i) affectent la sécurité régionale et la stabilité politique des États ; (ii) perturbent les secteurs économiques clés comme le tourisme, l'agriculture et les investissements directs étrangers ; (iii) provoquent des déplacements des populations et des tensions intercommunautaires ; (iv) exacerbent l'extrémisme religieux ; (v) entravent les efforts de développement, notamment dans le domaine de l'éducation ; (vi) appellent à un renforcement des capacités des forces de défense et de sécurité et à une réponse internationale appropriées.

3.2.3. Renforcement des capacités d'anticipation

Comme souligné plus haut, le monde bouge. Il bouge profondément. Pour preuve, la mondialisation s'accélère, le paradigme du développement change, la révolution numérique se consolide, les menaces terroristes sont de plus en plus proches, les conflits armés resurgissent dans le monde et les avancées sociétales se poursuivent.

Face à ces mutations mondiales et les incertitudes qu'elles engendrent, quatre (4) attitudes s'offrent à un État pour formuler et mettre en œuvre des politiques publiques appropriées : (i) la passivité : être indifférents et subir les événements ; (ii) la réactivité : être en permanence dans les urgences, or « quand il est urgent, c'est déjà trop tard »[10]; la préactivité : « se préparer à des changements prévisibles »[11] ; et la proactivité : « agir pour provoquer un changement souhaité »[12].

---

[10] Talleyrand
[11] Michel GODET
[12] *ibid*

En s'engageant dans l'ENP, le choix de mon département est la prospective, dans le double sens de la préactivité et de la proactivité. Il s'agit du choix de la réflexion avec comme finalité l'anticipation. C'est-à-dire : penser ensemble loin et en profondeur, pour avoir l'éclairage nécessaire à la bonne conduite de l'action publique. L'ENP Guinée 2040 offrait l'opportunité de développer ces capacités à l'échelle nationale.

3.2.4. Recherche d'une efficacité accrue des politiques publiques

Je relançais l'ENP en 2016 conformément à ma lettre de mission, en étant consciente qu'il n'y a de véritable politique publique que celle qui inscrit son action, y compris de court terme, dans une perspective de moyen et de long terme.

C'est ce qui explique l'utilisation combinée de la prospective, de la planification stratégique et de la programmation pour gérer au mieux le développement : la prospective pour le long terme ; la planification stratégique pour le moyen terme, et la programmation pour le court terme.

À travers la construction de la nouvelle vision, c'est l'accent qui est mis sur la prospective c'est-à-dire, réfléchir sur le futur pour éclairer et donner du sens aux actions présentes. Et réfléchir sur le futur c'est prendre conscience, à la fois, des réalités actuelles et de celles qui se dessinent, permettant ainsi d'appréhender les facteurs de réussite et d'échec des politiques, stratégies, plans et programmes et projets. Autrement dit, créer les conditions pour apprécier l'efficacité des politiques publiques.

3.3. ENP : APPROCHES ET PRINCIPALES CONCLUSIONS

Cette section s'articule autour des points suivants : (i) l'approche méthodologique de l'ENP ; (ii) les principales conclusions ;

3.3.1. Approche méthodologique

Comme toute réflexion prospective, l'ENP consistait à explorer les futurs possibles de la Guinée. L'exercice devrait permettre à toutes les composantes de la nation d'avoir une même lecture du passé et du présent du pays, en vue d'un consensus sur son futur.

3.3.1.1. Dispositif institutionnel

Pour la conduite de l'exercice, le dispositif institutionnel mis en place s'articulait autour de trois (3) organes : (i) le Comité de Pilotage (CoPil) ; (ii) la Cellule Technique Prospective (CTP) ; et (iii) le Groupe d'Étude Prospective (GEP).

Le CoPil avait pour mission de : (i) définir les lignes directrices de l'exercice et d'évaluer les résultats ; (ii) examiner et approuver tous les documents de synthèse préparés par la CTP ; (iii) apporter une caution morale et politique à l'étude ; (iv) valider les résultats préliminaires de l'étude ainsi que les orientations stratégiques à long terme ; et (iv) animer les conférences-débats prévus durant les phases importantes du processus.

La Cellule Technique Prospective avait pour mission de : (i) rassembler toute la documentation de base, de l'analyser et d'en tirer les conclusions indispensables à la prospective ; (ii) conduire l'enquête sur les aspirations ; (iii) appuyer la construction de la base de la prospective et des scénarios ; (iv) animer les séminaires et ateliers spécifiques ; (v) préparer les termes de référence des études sectorielles devant déboucher sur l'élaboration des stratégies ; (vi) appuyer le Groupe d'Étude Prospective.

Le Groupe d'Étude Prospective (GEP) était composé de cadres des différents bureaux de stratégies des ministères, des universités, de la société civile et d'experts indépendants. Les membres du GEP ont participé aux côtés des membres de la Cellule Technique Prospective et autres consultants, à toutes les étapes de l'étude nationale prospective, notamment à : (i) l'identification des enjeux de développement ; (ii) la réalisation des analyses rétrospectives ; (iii) la contribution à la réalisation des enquêtes sur les perceptions et aspirations des populations ; (iv) la réalisation de l'analyse structurelle ; (v) l'analyse des jeux d'acteurs ; (vi) la détermination des scénarios de développement ; (vii) la détermination de la Vision et des options stratégiques ; et (viii) l'élaboration du document de la Vision.

3.3.1.2. Phases de l'ENP

S'inspirant des recommandations de l'Institut Futurs Africains, l'exercice s'est déroulé suivant une démarche participative et interactive en deux phases : la construction de la base (phase 1) ; et la construction de la vision et les options stratégiques (phase 2). La première phase comprenait trois (3) étapes : (i) l'analyse rétrospective et les défis de la société guinéenne ; (ii) les perceptions et aspirations des populations guinéennes ; et (iii) l'analyse structurelle et l'analyse des jeux des acteurs. La seconde comprenait : (i) la construction et l'évaluation des scénarios ; (ii) la Vision et les options stratégiques ; et (iv) les conditions de réalisation de la Vision.

3.3.1.3. Méthodes et outils utilisés

Par essence, une collectivité nationale est si complexe qu'il est inconcevable, qu'une seule méthode suffise pour explorer ses futurs possibles. C'est pourquoi, l'ENP a adopté une approche pluridisciplinaire faisant appel à une multitude de méthodes.

L'application de ces méthodes a fait appel à plusieurs outils utilisés à différents stades du processus.

S'agissant des méthodes de prospective utilisées, les principales sont : (i) l'approche systémique ; et (ii) la méthode des scénarios. D'autres méthodes ont été utilisées de façon implicite. Il s'agit notamment, des méthodes statistiques, des méthodes de prévision et de la méthode de l'histoire raisonnée.

Quant aux outils, MICMAC et MACTOR ont été les outils principalement utilisés. L'outil MICMAC a pour objet, de faire apparaître les principales variables influentes et dépendantes et par là, les variables essentielles à l'évolution du système. L'outil MACTOR, cherche à estimer les rapports de force entre acteurs et à étudier leurs convergences et divergences vis-à-vis d'un certain nombre d'enjeux et d'objectifs associés.

Encadré 11 : Approche systémique en prospective

L'approche systémique joue un rôle fondamental dans une réflexion prospective en offrant une perspective holistique des dynamiques qui façonnent l'avenir. Cette approche considère que la collectivité nationale est un système, c'est-à-dire un ensemble d'éléments en relation les uns avec les autres ; et que c'est le tissu de ces relations qui détermine l'évolution de ce système. De cette manière, les prospectivistes peuvent mieux comprendre les complexités et les interconnexions qui façonnent l'avenir, ce qui conduit à des analyses plus robustes et à des stratégies plus adaptatives.

3.3.2. Principales conclusions

Sont successivement présentés ici : (i) les principaux résultats de l'analyse structurelle ; (ii) les principaux résultats de l'analyse des jeux des acteurs ; (iii) les quatre scénarios d'évolution du système-Guinée ; (iv) la Vision et les finalités sous-jacentes ; (v) le phasage de l'opérationnalisation ; et (vi) les instruments d'opérationnalisation.

3.3.2.1. Principaux résultats de l'analyse structurelle

De l'analyse structurelle menée à la phase de construction de la base, il ressort que le système Guinée est prédéterminé essentiellement par les variables liées à la gouvernance telles que le Rôle de l'État, la Corruption, la Stabilité Politique Intérieure, l'Administration publique, la Gouvernance économique et la Justice. Ces variables font partie de celles qui conditionnent la dynamique d'ensemble de la Guinée. Ce sont elles qui feront évoluer le système. En tant que telles, ces variables méritent une attention particulière dans la construction des scénarios et la réflexion stratégique.

3.3.2.2. Principaux résultats de l'analyse des jeux des acteurs

De l'analyse des jeux des acteurs également menée à la phase de construction de la base, il en découle la typologie ci-après des acteurs dominants, respectivement, acteurs relais du système-Guinée.

Ainsi les acteurs dominants sont : les Organisations de la Société Civile, les Forces de Défense et de Sécurité et l'Assemblée nationale. Ces acteurs disposent d'une influence forte sur les autres sans être, eux-mêmes, fortement influencés.

Quant aux acteurs relais, ils sont constitués par : le Gouvernement, la Classe Politique, les Opérateurs du Secteur privé minier et éducatif (moderne, informel, informel y compris multinationales) et les Communautés locales. Ces acteurs sont à la fois fortement influents et fortement dépendants. Ils disposent alors de moyens d'action pour mener à bien leurs projets, mais sont également sous l'influence des actions que déploient sur eux les autres.

3.3.2.3. Description des scénarios d'évolution de la Guinée d'ici à 2040

Les quatre scénarios d'évolution du système-Guinée, résultant de l'ENP sont : (iii) le scénario « Guinée, paradoxe et opportunités ratée » ; (iv) le scénario « Guinée, l'éclipse totale » ; (v) le scénario « Guinée, pays en mutation » ; et (vi) le scénario « Guinée émergente et prospère »

- *Scénario « Guinée, paradoxe et opportunités ratées ».*

À l'horizon 2040, la Guinée n'est pas encore sur une trajectoire positive. Seule la gouvernance politique a connu quelques avancées. Le pays se retrouve en marge du développement. Il est à l'écart et n'a pas réussi à saisir les opportunités pour lancer de façon durable son développement. L'économie se porte mal entre autres, de ses faiblesses structurelles et le secteur minier continue d'être une véritable enclave.

Cette situation d'impasse résulte largement du fait que la dynamique du capital humain n'est pas significative et la déficience du cadre de vie est avérée. Les efforts de la Guinée en termes d'intégration régionale ne sont pas suffisants. Le désespoir s'installe dans le pays avec ses conséquences négatives sur la stabilité politique et sociale.

- *Scénario « Guinée, l'éclipse totale ».*

Ce scénario catastrophe est construit en partant de l'hypothèse que la Guinée est complètement en marge et se trouve dans l'isolement total. Le pays subit la loi de la mondialisation ultra libérale à dominance financière qui a évacué « l'homme » de ses préoccupations et des finalités de son action. Il subit les règles du commerce qui imposent leurs lois aux rapports entre pays riches et pays pauvres.

La Guinée est déboussolée et reste en marge des grandes mutations scientifiques et technologiques ; ce qui empêche toute action de développement. Un sentiment d'insécurité prévaut et le manque de confiance entre les différentes composantes de la nation crée une tension dans les rapports sociaux et génère des peurs. On assiste à l'éclatement de la nation et à la faillite de l'État. Celui-ci ne peut plus assurer ses fonctions régaliennes.

- *Scénario « Guinée, pays en mutation »*

Face aux défis du développement durable, la Guinée est pro active. Elle ne subit pas ; elle fait face et commence par répondre aux exigences. Sur le plan régional, la Guinée crée une bonne dynamique capable de contribuer à la progression de son économie.

Ainsi, la Guinée enclenche une phase de transformation de la société pour avancer et vaincre la fatalité. Elle refonde sa gouvernance globale et promeut un véritable développement des capacités nationales.

- *Scénario « Guinée émergente et prospère »*

À l'horizon de 2040, victorieuse des pesanteurs socioculturelles et des freins économiques, la Guinée concentrant ses forces en s'appuyant sur les leviers des opportunités, trouve un « point d'inflexion » et prend l'envol vers l'émergence et la prospérité de ses citoyens. L'industrie minière progresse et entraine les autres secteurs de l'économie nationale. On assiste à un véritable sursaut et le pays refuse la fatalité.

La Guinée s'approprie la bonne gouvernance à l'instar des pays développés, réalise des investissements porteurs de croissance forte, équilibrée, créatrice d'emplois et de richesses, et valorisant pleinement son capital humain. La Guinée s'impose parmi les champions dans la sous-région.

C'est ce scénario volontariste qui a été choisi et qui est développé dans le chapitre suivant.

3.3.2.4. **Vision et finalités sous-jacentes**

La Vision à laquelle aspirent les Guinéens à l'horizon 2040, est celle d'un pays émergent et prospère, maître de son destin, assurant un niveau élevé de bien-être à ses populations et garantissant l'avenir des générations futures.

À cette vision sont attachées cinq (5) finalités :

- *Finalité 1* : Une nation forte, paisible, unie et prospère, s'appuyant sur des valeurs de justice et de solidarité, et dotée d'une gouvernance économique responsable et d'une administration publique au service du développement
- *Finalité 2* : Un capital humain valorisé qui donne toutes les chances au pays pour aller vers l'émergence

- *Finalité 3* : Une économie diversifiée, compétitive, créatrice d'emplois décents et des pôles économiques, avec un secteur minier parfaitement intégré et un secteur privé moteur de croissance et de progrès
- *Finalité 4* : Des réponses appropriées aux besoins des populations en matière d'habitat et de logement, et un environnement protégé qui sécurise l'avenir des générations futures
- *Finalité 5* : Une Guinée ouverte, respectée, contribuant pleinement aux dynamiques et mutations à l'échelle sous régionales, régionales et mondiales.

3.3.2.5. Phasage de l'opérationnalisation de la Vision

Cinq phases devront être considérées dans la trajectoire de la Guinée dans sa marche vers 2040, année de l'émergence :

Phase 1 : 2016-2020. Cette phase postule une stabilisation politique à travers un dialogue permanent et sincère, l'instauration de la sécurité, la poursuite des réformes structurelles dans les finances publiques, des progrès dans la réalisation d'une justice indépendante et égale pour tous, des avancées dans le développement social notamment la réduction de la pauvreté (ODD 1)

Phase 2 : 2020-2025. Cette phase table sur des progrès notables dans la gouvernance économique, la lutte contre la corruption et l'impunité, la résilience aux facteurs de fragilité, l'amélioration du niveau de vie et du cadre de vie, le renforcement de la cohésion sociale et les valeurs de citoyenneté, la mobilisation des ressources financières et humaines intérieures, l'attraction des investissements locaux et étrangers avec un bond significatif dans les ratios d'investissement et la croissance économique élevée et soutenue permettant une progression continue du revenu national par habitant.

Phase 3 : 2025-2030. Il s'agit de la phase de la transformation effective d'une économie dépendante des mines, en une économie diversifiée et compétitive sur la voie du décollage, s'appuyant sur une véritable administration au service du développement, des infrastructures physiques de qualité, un capital humain valorisé, des institutions publiques fortes, un cadre législatif et institutionnel attrayant, des investissements privés à forte valeur ajoutée en production et emploi, un secteur agricole à forte productivité assurant la sécurité alimentaire du pays, un secteur minier intégré avec des effets d'entrainement sur l'ensemble de l'économie et une industrie compétitive favorisant la création d'emplois et l'intégration régionale.

Phase 4 : 2030-2035. Il est attendu à cette phase que la Guinée quitte le groupe des Pays les Moins Avancés avec un revenu moyen par habitant avoisinant les pays à revenus intermédiaires de la tranche inférieure, avec l'apparition de caractéristiques nouvelles comme l'émergence d'une classe moyenne favorisant l'épargne, la production et la consommation, un niveau d'entrepreneuriat privé correspondant à la notion d'émergence appliquée à l'économie, un rôle actif dans l'intégration régionale et la stabilité politique de la région et un rayonnement extérieur faisant la fierté de la population

Phase 5 : 2035-2040. C'est la phase véritable où la Guinée devient émergente et prospère grâce à la réalisation des six finalités de la Vision. Elle rejoint la catégorie des pays à revenus intermédiaires de la tranche supérieure.

Ces cinq phases devraient être prises en compte dans les plans de développement successifs du pays destinés à mettre en œuvre la Vision.

4. Élaboration du Plan National de Développement

Sous mon autorité, le PNDES 2016-2020 a été élaboré, mis en œuvre, suivi et évalué. À la suite, le PNDES 2021-2025 (PNDES II) devrait être adopté conformément au CDLT. Mais le processus d'élaboration de ce deuxième Plan qui avait démarré et abouti à un avant-projet de document, a été interrompu à l'avènement au pouvoir du Comité National pour le Rassemblement et le Développement (CNRD).

S'inspirant des expériences du PNDES 2016-2020 et du PNDES 2021-2025, cette partie du manuel met à la disposition des utilisateurs, des indications méthodologiques pour élaborer un Plan National de Développement à Moyen Terme (PND). Elle est organisée autour deux (2) sections dont l'une, est consacrée aux généralités, et l'autre, aux différentes phases du processus d'élaboration d'un PND.

4.1. Généralités

Cette section est articulée autour des points ci-après : (i) place de l'élaboration du PND dans le cycle de gestion du développement ; (ii) objectifs et produits attendus du processus ; (iii) prérequis conceptuels, et (iv) la spécification du modèle logique du PND.

4.1.1. Place du PND dans le cycle de gestion du développement

Dans le cycle de gestion du développement, le PND est le principal instrument de programmation des actions de développement sur le moyen terme. Il est, de ce point de vue, un maillon clé de la chaîne PPBSE. En amont, il est articulé autour des instruments de planification que sont la Vision nationale, le CDLT et les politiques publiques. En aval, il sert d'ancrage aux instruments budgétaires que sont le CBMT, les CDMT et le PIP. Cette double conception du PND appelle à satisfaire également à une double exigence méthodologique.

4.1.1.1. Double conception du processus PND

Le manuel conçoit ainsi le PND à la fois, comme un maillon de la chaîne PPBSE et comme un outil d'opérationnalisation à moyen terme, de la vision nationale. La première conception fait de l'élaboration du PND un processus technique autonome dont les différentes étapes sont conformes à la démarche stratégique (diagnostic situationnel, choix stratégiques, actions et rétroactions). La deuxième conception fait de l'élaboration du PND, une séquence du cycle de gestion du développement destinée à concrétiser sur le moyen terme la vision nationale. Ainsi un PND doit être élaboré suivant une périodicité quinquennale, soit au total 6 PND pour réaliser une vision nationale de 30 ans.

4.1.1.2. Double exigence méthodologique

À chacune de ces conceptions du PND, correspond une double exigence méthodologique. La première est que la situation de référence pour tout PND doit être analysée suivant une approche à la fois factuelle et systémique. L'approche factuelle doit reposer sur un bilan exhaustif (autant que possible) du PND passé. L'approche systémique doit résulter des travaux de veille prospective par une appréhension documentée des problèmes majeurs de développement, non seulement de façon isolée, mais aussi, dans leur interaction dynamique.

La deuxième exigence méthodologique est que le PND doit être une déclinaison sur le moyen terme du CDLT. Ce qui fait d'ailleurs du PND un des instruments de programmation des actions de développement. Mais en plus, le PND doit être le cadre de cohérence de toutes les politiques publiques de développement (sectorielles et thématiques). Comme indiqué dans la partie précédente consacrée aux concepts clés de développement, l'élaboration d'un PND requiert que soient préalablement formulées en lien avec la vision nationale et le CDLT, les différentes politiques publiques. C'est cette exigence qui confère au PND sa véritable utilité opérationnelle.

4.1.1.3. Lien PND et programmes

Le PND contient des actions à mettre en œuvre, en fonction des stratégies définies, pour atteindre les objectifs à moyen terme de développement. Mais la réalisation de ces actions est conditionnée par deux facteurs : le temps et le financement. Ainsi, si le PND est nécessaire pour disposer d'un cadre opérationnel, il ne peut pas être mis en œuvre sans priorisation et sans un processus d'allocation de ressources, autrement dit sans la programmation. C'est cette dernière qui permet de structurer les actions du PND en réformes, en programmes et en projets d'investissement, de les ordonnancer dans le temps et de leur affecter un budget afin qu'elles soient exécutées.

En d'autres termes, le PND n'a pas d'intérêt pratique sans les outils de programmation tels que la matrice d'actions prioritaires, les programmes de dépenses, le programme national d'investissements publics et leurs traductions budgétaires à savoir le CBMT, les CDMT, le PIP et la loi de finances.

4.1.2. Objectifs, produits attendus et prérequis

L'objectif général visé à travers le processus d'élaboration du PND (processus PND) est de mettre à la disposition des différentes parties prenantes, un cadre national de référence stratégique et opérationnel pour les actions de développement économique, social et environnemental, répondant aux exigences ci-après : (i) être conçu de façon participative ; (ii) être une déclinaison opérationnelle, sur une période de 5 ans de la Vision « Guinée 2040 » ; (iii) être aligné sur les Objectifs de Développement Durable (ODD) ; et (iv) être ancré dans les agendas régionaux et sous-régionaux de développement.

Cet objectif général est sous-tendu par cinq objectifs spécifiques à savoir : (i) tirer les enseignements de la mise en œuvre du PND passé ; (ii) évaluer le chemin parcouru sur la trajectoire devant conduire à la Vision « Guinée 2040 » ; (iii) mettre en exergue les défis et enjeux de développement économique, social et environnemental ; (iv) opérer les choix stratégiques et identifier les actions prioritaires à exécuter sur la période quinquennale ; et (v) définir les modalités de mise en œuvre, les dispositifs de suivi et d'évaluation du PND.

Les produits attendus du processus sont :

- le rapport d'analyse de la situation de référence ;
- la note d'orientation stratégique ;
- la matrice d'actions prioritaires ;
- la note de cadrage macroéconomique ;
- le cadre des résultats ;
- le document de PND.

Il importe de souligner que l'obtention de ces produits est itérative et non séquentielle tout le long du processus. En outre, pour conférer au PND toute sa légitimité de cadre de référence des actions de développement de moyen terme, l'adhésion de toutes les parties prenantes est requise aux phases clés de son élaboration.

4.1.3. Prérequis conceptuels et travaux de cadrage

Pour réaliser les produits susvisés, l'utilisateur a besoin de prérequis conceptuels, tels que ceux développés dans la deuxième partie du manuel. Il est particulièrement recommandé à cet effet, qu'il ait une bonne maîtrise des notions :

- de prospective, de planification et de programmation ;

- de vision nationale, d'orientations stratégiques et de plan national de développement ;
- de démarche stratégique ;
- d'instruments de PPBSE ;
- d'agendas internationaux et régionaux du développement ;
- de paradigme, de théorie et de modèle de développement ;
- de schémas de croissance ; et
- de cadre temporel de la gestion du développement.

4.1.4. Spécification du modèle logique du PND

Le modèle logique du PND est la présentation descriptive et/ou schématique de l'articulation de ses différents éléments. Il sert à la fois de fil conducteur pour son élaboration et de grille de lecture pour la compréhension de son contenu.

4.1.4.1. Présentation descriptive du modèle logique du PND

La spécification du modèle logique du PND consiste en 3 activités : (i) la déclinaison en composantes (piliers et secteurs) ; (ii) la hiérarchisation des objectifs (global, stratégiques et intermédiaires) ; et (iii) la construction de la chaîne des résultats (finaux, stratégiques et intermédiaires).

Un pilier est une composante stratégique du PND. Il regroupe en fonction des choix stratégiques, des secteurs à travers lesquels sont déployées les actions devant permettre d'atteindre les résultats du Plan. Les secteurs sont donc des sous-composantes du PNDES.

La hiérarchisation des objectifs consiste à organiser le PND en objectif global, en objectifs stratégiques et en objectifs intermédiaires. Le manuel recommande d'assigner : (i) l'objectif global au PND lui-même ; (ii) les objectifs stratégiques aux piliers ; et (iii) les objectifs intermédiaires aux secteurs.

Construire la chaîne des résultats revient à articuler le PND en résultats finaux, en résultats stratégiques et en résultats intermédiaires ou effets. De même que pour les objectifs, les résultats finaux sont relatifs au PND, les résultats stratégiques aux piliers et les effets aux secteurs.

Conformément au principe de la GAR (Gestion Axée sur les Résultats), au PND lui-même et à chacune de ses composantes/sous-composantes (pilier/secteur), correspond une logique d'intervention bien précise.

4.1.4.2. Présentation schématique du modèle logique du PND

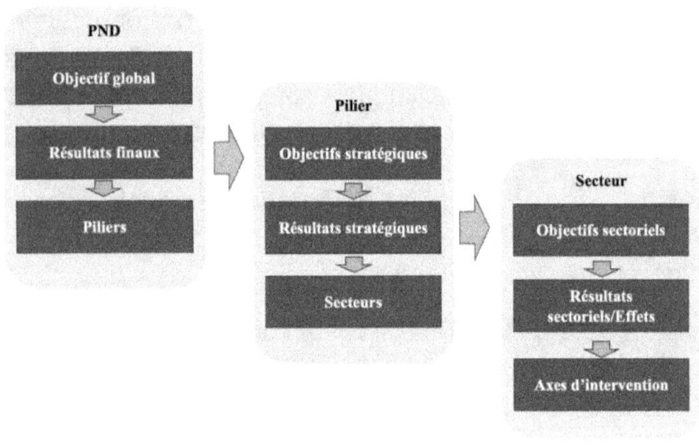

<u>Encadré</u> 12 : Contenu des travaux de cadrage

Un plan de développement est un ensemble cohérent : (i) d'objectifs/résultats (les changements que l'on veut avoir) ; (ii) de stratégies (comment parvenir à ces objectifs/résultats) ; et (iii) d'actions, pour l'atteinte de ces objectifs/résultats. Pour parvenir à un tel format de plan, réalisable et ajustable dans le temps, son élaboration doit être considérée comme un exercice de cadrages portant sur les aspects suivants : les stratégies et les résultats attendus, les équilibres macroéconomiques et budgétaires, les investissements, la recherche de financements, les partenariats et autres actions prioritaires. Ces travaux prennent comme point de départ, la situation de référence objet de l'étape précédente, pour orienter suivant des options stratégiques bien définis, l'action publique de moyen terme dans une perspective de stabilité macroéconomique et d'efficacité au sens des résultats de développement.

4.2. Différentes phases d'un processus PND

Un processus PND doit être conduit en 8 phases successives, à savoir : l'analyse de la situation de référence (phase 1) ; les travaux de cadrage détaillés (phases 2 à 6) ; le bouclage du processus (phase 7) ; la mise en œuvre, le suivi et l'évaluation (phase 8).

4.2.1. Analyse de la situation de référence

L'Analyse de la Situation de Référence (ASR) permet de faire un état des lieux aussi exhaustif que détaillé de la situation du pays avant de mettre en évidence des enjeux de développement sur la période qui sera couverte par le PND. L'ASR est un diagnostic qui doit être à la fois factuel et surtout systémique.

En tant que diagnostic factuel, l'ASR consiste en une appréciation basée sur des faits objectifs et concrets, sans interprétation subjective. Elle fait appel pour cela, à des données observables et mesurables plutôt qu'à des opinions ou des hypothèses.

En tant que diagnostic systémique, l'ASR consiste en une appréciation de l'évolution du système-Guinée entre deux PND en lien avec les conclusions de l'ENP. Elle fait appel pour cela à la veille prospective. L'appréciation est ainsi conduite à l'aune des tendances émergentes, des innovations et d'autres signaux faibles susceptibles d'avoir un impact sur le système. L'objectif est d'identifier les opportunités et les menaces potentielles afin de procéder à des choix stratégiques réalistes.

L'ASR comprend les trois (3) étapes ci-après : (i) le champ d'analyse ; (ii) la dynamique du développement ; et (iii) le diagnostic situationnel.

4.2.2. Champ de l'analyse

Cette étape comprend 4 activités : (i) la délimitation du champ de l'ASR ; (ii) le questionnement à analyser ; (iii) la collecte d'informations ; (iv) la revue documentaire et les investigations complémentaires.

- *Délimitation du champ de l'analyse*

Le champ de l'ASR est la gestion du développement national. La délimitation de ce champ revient à fixer la période de référence, ainsi que les unités et les variables sur lesquelles devra porter l'analyse.

La période de référence doit couvrir les 5 années de mise en œuvre du PND passé. Autrement dit, si l'analyse de la situation de référence démarre en année N, cette période est celle allant de l'année N-4 à l'année N.

Les unités d'analyse sont les subdivisions du champ d'analyse c'est-à-dire les secteurs de planification tels que définis dans la première partie du manuel et dûment codifiés suivant une nomenclature officielle. Elles représentent les portes d'entrée de l'ASR.

Les variables d'analyse sont celles mises en évidence par l'ENP, en particulier les variables motrices du « système Guinée ».

- *Questionnement à analyser*

L'analyse de la situation de référence doit apporter des réponses à un questionnement qu'il faut poser d'entrée de jeu. Le manuel suggère de formuler ce questionnement comme ci-après :

- quelle est la situation de développement de la Guinée à la veille du nouveau plan ? C'est-à-dire la situation en année N relativement à N-4, dans les différents secteurs de planification ?
- Quelle a été la situation macroéconomique et budgétaire sur la période couverte par le plan arrivé à terme ? Autrement dit la situation entre l'année N-4 et l'année N. Les grands équilibres (secteur réel, prix, comptes de l'État, secteur monétaire et balance des paiements) ont-ils été préservés ?
- Le pays progresse-t-il vers la réalisation de la Vision Guinée 2040 ?
- Le pays progresse-t-il vers l'atteinte des ODD ?
- Quels sont les progrès/acquis significatifs au niveau des différents secteurs (institutionnels, productifs, sociaux et infrastructure) pouvant servir de bonnes pratiques à capitaliser dans le futur ?
- Quelles sont les contraintes structurelles/institutionnelles internes et les facteurs d'environnement externes (conjoncture internationale défavorable, instabilités et risques sécuritaires au plan sous régional) susceptibles de peser lourdement sur tout processus transformationnel en Guinée ?
- Quels sont, au regard de la situation de référence et dans la perspective de la Vision Guinée 2040, les principaux enjeux auxquels le pays devra faire face, sur les cinq (5) prochaines années ?

Ce questionnement est adaptable à tous les niveaux (régional, sectoriel et national) d'analyse ainsi que dans les processus consultatifs avec les OSC et le secteur privé.

- *Collecte d'information*

L'analyse de la situation de référence a besoin de s'appuyer sur des données objectives pour faire ressortir les enjeux auxquels le PND devra répondre. Les choix stratégiques doivent ainsi reposer sur des informations factuelles pour bien orienter les actions. Le manuel fait de la collecte d'informations une activité cruciale devant être réalisée avant le diagnostic situationnel. La démarche prescrite est la suivante : (i) faire un état des besoins d'informations ou de données ; (ii) identifier les sources d'informations ; et (iii) collecter les données.

- Les besoins portent sur : (i) des données agrégées par rapport au PIB, aux dépenses publiques, à l'aide extérieure ;… (ii) des statistiques sociales en particulier, celles relatives à l'emploi, à la pauvreté et aux inégalités, désagrégées si possible, selon le niveau administratif (national, régional et local) ; (iii) des indicateurs de bien-être tels que les indicateurs d'accès aux biens et aux services, les indicateurs d'actifs ou de ressources ; (iv) des chiffres sur l'exécution budgétaire au sein du ministère.
- La principale source d'informations pour la collecte de ces données est l'Institut National de la Statistique (INS), s'agissant : (i) des données macroéconomiques (production, revenu/consommation, prix, commerce extérieur, etc.) ; et (ii) des données d'enquêtes : enquêtes auprès des ménages (enquêtes démographiques et de santé, enquêtes sur la pauvreté et les conditions de vie), enquêtes agricoles, enquêtes auprès des entreprises, enquêtes participatives…
- Une autre source d'informations est le ministère de l'Économie et des Finances, s'agissant des agrégats et des données d'exécution budgétaires. Le ministère chargé de la planification et les ministères sectoriels sont aussi des sources importantes de données et d'informations : (i) le ministère de la Planification pour les données d'exécution du PIP ; et (ii) les ministères sectoriels, s'agissant des statistiques courantes de leurs secteurs. En plus de ces sources, il faut ajouter les agences de coopération, les universités et les centres de recherche, les organisations de la société civile, qui détiennent souvent une masse importante de données dans plusieurs domaines d'activités.

Le manuel recommande une collaboration étroite entre le CoPil/PND et l'INS dans la définition des modalités pratiques de collecte et de traitement des données nécessaires à l'ASR et pour les travaux de cadrage. Un plan de collecte et/ou de production de données devra être élaboré, mis en œuvre et suivi, à cet effet.

- *Revue documentaire et investigations complémentaires*

La collecte des données et des informations chiffrées doit être complétée par une revue des documents et par des études ou évaluations. S'agissant de la revue documentaire, l'accent doit être porté en particulier sur les produits pertinents de la chaîne PPBSE et autres documents de portée générale en rapport avec les questions de développement, tels que : (i) les discours et autres déclarations des autorités à différents niveaux (président de la république, Premier ministre, et autres officiels) contenant des orientations ; (ii) les traités, conventions ou accords signés au plan international, les décisions et autres directives communautaires, ainsi que les engagements souscrits par le pays et susceptibles d'avoir des implications sur les politiques de développement ; (iii) les textes légaux, juridiques et règlementaires en vigueur au plan national et qui encadrent la gestion du développement.

Pour ce qui est des études, il est attendu qu'elles apportent des informations additionnelles ou actualisées, ou qu'elles permettent d'approfondir l'ASR sur des aspects spécifiques. Pour les évaluations, il est indiqué de procéder dans un premier temps, à l'identification des interventions sur lesquelles, elles doivent porter. Il peut s'agir des réformes, programmes et projets d'investissements en cours ou passés. Le manuel préconise de réaliser ces différentes investigations à ce stade du processus, étant entendu que leurs conclusions et recommandations seront exploitées pour l'étude de la dynamique et du diagnostic.

- *Produits et outils d'étape*

Il est attendu de cette étape du processus PND, les produits suivants :

- le plan de collecte et de production statistiques ;
- le recueil des informations et données collectées ;
- la bibliographie indicative ;

- les notes de lecture ;
- les termes de référence des études complémentaires à réaliser
- la liste des interventions-types devant faire l'objet d'évaluation.

Au nombre des outils d'étape, il est recommandé de recourir à :

- la nomenclature officielle des secteurs de planification ;
- l'analyse structurelle de l'Étude Nationale Prospective ;
- le rapport national sur les ODD ;
- la série des comptes macroéconomiques [secteur réel, TOFE (Tableau des Opérations Financières de l'État), situation monétaire, balance des paiements] ;
- les rapports d'exécution budgétaire (budget courant et budget de développement) ;
- les rapports d'enquêtes et annuaires de statistiques sectorielles ;
- les documents de politiques publiques (stratégies, plans, programmes et projets) dans différents domaines ;
- les cadres de coopération avec les PTF ;

4.2.2.1. Dynamique du développement

L'objectif de l'ASR à cette étape est double : apprécier les progrès vers l'atteinte des objectifs de développement (nationaux et internationaux) ; et situer le pays sur la trajectoire de développement définie par la Vision nationale. Cette étape comprend 2 activités : (i) le bilan de la mise en œuvre du PND passé ; et (ii) l'étude de la dynamique du « système Guinée ».

- *Bilan de la mise en œuvre du PND passé*

Ce bilan consiste en 3 exercices :

- apprécier la performance du PND sur la période de référence. Cet exercice consiste : (i) à rapprocher les valeurs réalisées des indicateurs de résultats (impact, effets et produits) à leurs valeurs cibles, pour chacune des années N-4, N-3, N-2, N-1 et N ; puis (ii) à analyser leurs écarts ;

- présenter l'état des réalisations. Cet exercice consiste à apprécier la mesure dans laquelle, les actions prioritaires du PND (réformes, programmes et projets d'investissements) ont été exécutées relativement à leur programmation
- tirer des conclusions. Il s'agit ici : (i) de faire le lien entre les réalisations et les résultats obtenus tels que mesurés par les indicateurs ; et (ii) d'analyser la performance des actions inscrites au PND, en termes d'efficacité et/ou d'efficience.

Dans la démarche à suivre pour le réaliser, le bilan de la mise en œuvre du PND passé doit être à la fois global et sectoriel.

- Le bilan global doit reposer sur : (i) une appréciation de la performance du PND relativement aux indicateurs d'impacts ; et (ii) une présentation des réalisations en matière de gestion macroéconomique, de réformes structurelles et de mobilisation de ressources (tant internes qu'externes) pour le financement du développement.
- Le bilan sectoriel concerne les secteurs de planification tels qu'adoptés dans le PND. Il doit reposer, pour chaque secteur, sur : (i) une appréciation du PND relativement aux indicateurs d'effets ; et (ii) une présentation de l'état d'exécution des actions prioritaires programmées dans le secteur.

Dans la rédaction du rapport de l'ASR, ce double bilan devra être présenté sous la forme d'une synthèse analytique qui montre clairement la logique des résultats à savoir : produits des ministères sectoriels <==> réalisations des secteurs <==> effets du PND <==> impacts du PND. En termes de produits, la démarche implique de précéder cette synthèse, de la rédaction de trois bilans : les bilans de mise en œuvre ministériels ; les bilans de mise en œuvre sectoriels et les bilans de mise en œuvre par pilier du PND.

<u>Encadré</u> 13 : Évaluation indépendante du PNDES 2016-2020

Le Ministère du Plan et du Développement Économique a fait le choix d'une évaluation indépendante du PNDES 2016-2020. La finalité de cette option, est de garantir la qualité de l'évaluation, la pluralité des opinions, l'objectivité des appréciations, la neutralité des conclusions ainsi que leur applicabilité. Le PNDES 2016-2020 a été évalué suivant six (6) critères : la pertinence, la cohérence, l'efficacité, l'efficience, l'impact et la durabilité

L'analyse de la pertinence montre, sur le plan interne, une large concordance entre : (i) les piliers et les orientations stratégiques du PNDES d'une part ; et (ii) ceux de la vision Guinée 2040, d'autre part, sur le plan externe, le PNDES a été conçu, avec une ambition de conformité avec : (i) la vision 2020 de la CEDEAO ; (ii) les ODD (dont 72 cibles ODD ont été priorisées) ; et (iii) l'agenda 2063 de l'Union Africaine.

Les résultats de l'évaluation indiquent également, qu'une bonne cohérence est assurée entre piliers, objectifs stratégiques, objectifs intermédiaires/effets, et actions prioritaires. Il ressort par ailleurs, de l'évaluation une parfaite cohérence entre le PNDES et les politiques/stratégies/programmes sectoriels.

Relativement aux cadres stratégiques des partenaires techniques et financiers, l'évaluation montre en outre un alignement sur le PNDES 2016-2020 : (i) de l'UNDAF (2018-2022) du Système des Nations Unies ; (ii) du Cadre de partenariat pays (CPP) 2018-2023 de la Banque Mondiale ; (iii) du Document stratégie pays (DSP) 2018-2022 de la Banque Africaine de Développement. Par ailleurs le PNDES 2016-2020, est en concordance parfaite avec le Programme indicatif national (PIN) 2014-2020 de l'Union européenne.

En termes d'efficacité globale, l'évaluation estime le taux de réalisation moyen du PNDES à un niveau satisfaisant de 87 %. En revanche la mise en œuvre du PNDES 2016-2020 n'a pas été efficient. Les principaux facteurs explicatifs de cette inefficience, sont : (i) l'existence d'écarts importants entre le CBMT et le PNI ; (ii) la faible capacité d'absorption des ressources ; et (iii) les longs délais de passation des marchés publics.

Globalement, la performance du PNDES relativement au résultat final en termes de bien-être, est satisfaisante. Les taux de réalisation (TR) par indicateur sont présentés ci-dessous :

Indicateurs d'impact	Références		Réalisations		Cible 2 020	TR
	Années	Valeurs	Années	Valeurs		
Indice de développement humain	2014	0,411	2019	0,477	0,482	99,0 %
Incidence de pauvreté monétaire	2012	55,2 %	2019	43,7 %	45,0 %	103,0 %
Incidence de pauvreté multidimensionnelle	2014	60,70 %	2019	54,30 %	42,0 %	77,3 %
Indice de GINI des revenus des ménages	2012	0,317	2019	0,272	0,25	91,9 %
Taux du couvert forestier national	2014	25,90 %	2019	39,70 %	28,00 %	141,8 %
Espèces végétales et animales menacées (%)	2013	5,40 %	2019	3,71 %	5,00 %	134,8 %

L'évaluation a montré par ailleurs, qu'il existe les dispositions institutionnelles et techniques mises en place par le MdP pour assurer la durabilité des acquis du PNDES 2016-2020. Au nombre de ces dispositions, il y a : (i) la refonte du Système national de planification (SNP) ; (ii) l'amélioration de la gouvernance et de la production statistiques ; (iii) le renforcement des capacités de Gestion des Investissements Publics (GIP) ; (iv) la création de BSD dans tous les départements sectoriels et le renforcement de leurs capacités institutionnelles et techniques. Sur le plan opérationnel, le fait d'avoir initié la préparation du PNDES 2021-2025 au terme du PNDES 2016-2020 est en soi, un acte de pérennisation des acquis.

- *Conclusions de la veille prospective*

D'après l'ENP, le « système-Guinée » est prédéterminé essentiellement par les variables liées à la gouvernance telles que le rôle de l'État, la corruption, la stabilité politique intérieure, l'administration publique, la gouvernance économique et la justice. Ces variables font partie de celles qui conditionnent la dynamique d'ensemble de la Guinée.

Il importe, dans ces conditions et comme indiqué dans la section introductive, de coupler deux approches dans l'ASR : l'approche factuelle qui sous-tend le bilan de la mise en œuvre du PND et l'approche systémique qui sous-tend la dynamique sur la période de référence, des variables motrices du « système Guinée » telles que mises en évidence par l'analyse structurelle de l'ENP.

Le manuel préconise l'élaboration périodique d'un rapport de veille prospective pour disposer, entre autres éléments, des conclusions sur l'état du système et sa dynamique. Un tel rapport doit être l'un des produits de la DNP, direction en charge de la prospective.

Mais en attendant que cette fonction soit totalement prise en charge et pleinement exercée, le manuel recommande, deux types alternatifs d'études ad hoc ciblées sur les variables motrices du système :

- le premier type d'étude considère individuellement ces variables et traite chacune d'entre elles comme un thème isolé, afin de cerner leur potentiel de changement respectif ; et
- le second type d'étude regroupe toutes les variables et les traite comme une thématique unique, afin d'avoir une appréhension globale des tendances de la dynamique caractéristique du système, sur la période.

<u>Encadré</u> 14 : Veille prospective

La veille prospective est un processus visant à anticiper les évolutions futures en recueillant et en analysant des informations pertinentes. Elle implique la surveillance constante de tendances émergentes, d'innovations et d'autres signaux faibles susceptibles d'avoir un impact sur un domaine spécifique. L'objectif est d'identifier les opportunités et les menaces potentielles afin de prendre des décisions éclairées et de rester compétitif dans un environnement en constante évolution.

Concrètement, pour comprendre la dynamique de ces différentes variables, il faut procéder à leur classification en fonction des tendances observées. Trois tendances sont ainsi à considérer :

- les tendances lourdes[13], qui sont des évolutions de nature à durer 5 voire 10 ans ;
- les tendances émergentes, qui sont des évolutions survenues dans les deux dernières années et qui sont susceptibles de s'estomper à tout moment.
- Les signaux faibles qui sont des évolutions dont l'ancienneté est de plus de deux ans et dont les effets seraient observables sur plus de trois ans.

- *Produits et outils d'étape*

Il est attendu de cette étape du processus PND, les produits suivants :

- le bilan macroéconomique et des réformes structurelles ;
- le rapport sur le financement du développement ;
- les bilans, diagnostics et perspectives sectoriels ;
- les contributions des OSC, du secteur privé et des régions ;
- les rapports d'études sur des thèmes spécifiques ;
- les rapports d'évaluation d'interventions-types ;
- le rapport de veille prospective.

Au nombre des outils d'étape, il est recommandé de recourir :

- au recueil des informations et données collectées ;
- aux notes de lecture ;
- aux rapports annuels de performance (RAP) du PND pour chacune des années de la période de référence ;

---

[13] Mouvement affectant, sur une longue période, un phénomène dont l'infléchissement est très lent dans la période étudiée. On peut citer l'exemple des mouvements démographiques (exode rural, urbanisation). La tendance lourde comporte souvent des éléments d'inertie, mais qui peuvent parfois faire l'objet d'inflexion.

- aux RAP sectoriels incluant l'état d'exécution des politiques, réformes, programmes et projets d'investissements ;
- aux rapports d'études sectorielles et thématiques ;
- aux canevas-types pour les contributions des différents acteurs
- à la matrice des Forces-Faiblesses-Opportunités-Menaces (FFOM), et
- à l'arbre des problèmes.

4.2.2.2. Diagnostic situationnel

Le diagnostic situationnel est une étape déterminante dans le processus PND. Il se base sur les produits des deux étapes précédentes, pour : (i) mettre en évidence les problèmes de développement ; (ii) analyser leurs causes et leurs effets, les forces et faiblesses, ainsi que les opportunités et les menaces au développement du pays ; et (iii) comprendre le processus qui a permis d'aboutir à la situation actuelle mise en exergue. La finalité du diagnostic est de dégager des éléments de perspective pour une bonne formulation des choix stratégiques.

En termes de déroulement, l'exercice implique 5 activités : (i) l'analyse des contraintes d'offre ; (ii) l'analyse des contraintes de demande ; (iii) la mise en évidence des questions d'efficacité et d'équité ; (iv) le diagnostic participatif ; et (v) la détermination des défis et des enjeux majeurs du futur.

La démarche à suivre à cette étape, consiste à effectuer le diagnostic de chaque secteur puis à consolider ces diagnostics élémentaires pour obtenir les diagnostics multisectoriels, et enfin le diagnostic situationnel d'ensemble. L'importance du diagnostic suggère l'implication de toutes les catégories d'acteurs de développement à la discussion et à la validation de ses conclusions. C'est la raison d'être du diagnostic participatif.

- *Analyse des contraintes d'offre*

L'offre représente les principales actions menées dans le secteur pour fournir des biens et des services publics ainsi que les agents économiques (secteur public, secteur privé et société civile) impliqués. Il est donc question ici : (i) d'identifier les acteurs majeurs qui mènent des actions de développement dans le secteur ; (ii) de les présenter suivant certaines variables jugées importantes (produits, répartition spatiale, domaine et volume d'intervention, etc.) ; et (iii) d'apprécier leurs capacités tant au niveau de la conception des politiques, de leur mise en œuvre, que de leur suivi et évaluation.

Il est recommandé de recourir autant que possible, à des indicateurs appropriés pour caractériser l'offre sectorielle. Ils doivent par conséquent être choisis de sorte à couvrir tout le processus qui va de la production des biens et services jusqu'à leur mise à disposition aux destinataires finaux.

L'analyse doit en particulier porter sur les aspects suivants, susceptibles d'être des contraintes à l'offre dans le secteur considéré : (i) la recherche-développement et les innovations en lien avec la productivité des facteurs ; (ii) la règlementation et la structure des incitations ; (iii) les capacités institutionnelles de gestion ; (iv) les sources de financement (public, privé et PPP) et leur importance relative ; (v) le stock de capital physique (disponibilités de terres, unités de production industrielle, aménagements, réseaux de transports et de communication…) ; (vi) le volume et la composition des investissements publics ; (vii) la fourniture d'eau, d'électricité et d'internet ; (viii) les ressources humaines (disponibilité, profil et qualité).

- *Analyse des contraintes de demande*

La demande c'est l'ensemble des besoins exprimés et des attentes des populations relativement au secteur. Ce sont aussi les cibles ou bénéficiaires des actions de développement conduites dans le secteur ou les utilisateurs des produits de ces actions.

Il s'agit ici de : (i) caractériser les cibles/bénéficiaires/utilisateurs : qui sont-ils ? Les critères à retenir doivent être pertinents et tenir compte du genre (hommes et femmes) et des couches les plus vulnérables ; (ii) présenter leur situation du point de vue de l'accès, de l'accessibilité et de l'utilisation des biens et services du domaine, ainsi que du point de vue de la satisfaction de leurs besoins. Le manuel recommande à ce niveau, de se baser sur les indicateurs (si disponibles) de production finale de biens et services, d'effets et d'impacts des politiques et actions de développement menées.

L'analyse doit être à la fois globale et détaillée. Elle doit permettre de dessiner les tendances communes ainsi que les spécificités. Le temps, l'espace ainsi que d'autres variables pertinentes doivent être prises en compte. Ces différents éléments d'appréciation sont utiles car elles permettent de mieux orienter les stratégies et les actions.

- *Mise en évidence des questions d'efficacité et d'équité*

Il est indiqué à ce stade de procéder à l'identification des dysfonctionnements du marché (problèmes d'efficacité) et les préoccupations d'équité (problèmes de redistribution). La finalité est de cerner la nature du bien ou du service public offert dans le secteur ainsi que l'agent économique le mieux à même de le produire ou de le fournir de façon optimale.

L'analyse consiste à fournir des éléments de réponse aux questions suivantes : le bien ou le service offert par le secteur, pourrait-il être assuré par le privé ? Si oui, le privé assurerait-il le niveau et la distribution souhaités des services ? Si la réponse est non, le secteur public pourrait-il améliorer les résultats du secteur privé au moyen de la réglementation, de la taxation ou de subventions aux consommateurs ou aux producteurs ? Si la fourniture du bien ou du service doit être faite par le secteur public, à quel échelon de l'État (central, régional, local), pourrait-elle être optimale (principe de subsidiarité) ?

Ce sont les réponses à cette série de question qui permettent de justifier le rôle de l'État dans le secteur par rapport aux autres acteurs. L'analyse pour répondre aux problèmes d'efficacité et de redistribution, doit en outre intégrer les éléments ci-après : la couverture prévue des pauvres ; l'impact sur la pauvreté ; et les problèmes de distribution et les externalités.

- *Mise en évidence des défis et des enjeux*

L'autre exercice important dans la conduite du diagnostic, est la détermination des défis et enjeux, elle — même, fonction d'un travail minutieux de priorisation. En effet, tous les problèmes identifiés n'appellent pas les mêmes types de solutions. Certains problèmes peuvent induire un ordre naturel dans leur résolution. D'autres nécessitent de recourir à des solutions plus élaborées.

Le critère de priorisation est donc le degré de complexité des problèmes mis en évidence. C'est pourquoi l'exercice de diagnostic doit déboucher, parmi toutes les solutions possibles, sur celles qui sont essentielles à une meilleure satisfaction des parties prenantes (principe de sélectivité de la démarche stratégique). En cela, réside l'intérêt de reformuler les problèmes et les solutions envisageables, en termes de défis et d'enjeux.

Les défis représentent les efforts à consentir et les obstacles à surmonter pour répondre adéquatement aux problèmes identifiés. Les enjeux représentent l'ensemble des éléments constituant des opportunités et des préoccupations majeures du futur. Ils sont le lien entre l'analyse des problèmes et les choix stratégiques.

Concrètement, l'exercice doit se faire en 4 temps :

- la consolidation en une synthèse cohérente des analyses précédentes, en vue de mettre en exergue les problèmes majeurs de développement ;
- l'établissement d'un ordre de priorité pour hiérarchiser ces problèmes. Les critères à prendre en compte sont : l'efficacité économique, la justice sociale, les capacités des acteurs, l'urgence, l'acuité, et l'équilibre inter-régional ;
- l'identification parmi les problèmes priorisés, de ceux dont la résolution constitue des défis du point de vue de la nature des préoccupations sous-jacentes, et de la complexité des facteurs explicatifs ainsi que du potentiel d'impact ; et

- le croisement des défis ainsi identifiés avec les atouts et opportunités de développement du pays, pour déterminer les enjeux du futur.

- *Diagnostic participatif*

À ce stade-ci du processus, le manuel recommande d'élargir l'analyse diagnostique à toutes les parties prenantes. Des ateliers doivent être organisés pour réaliser un diagnostic participatif regroupant les différents acteurs majeurs et bénéficiaires. Les objectifs assignés à ces ateliers sont :

- partager : (i) les enseignements tirés du bilan de la mise en œuvre du PND passé ; (ii) les conclusions de l'étude de la dynamique du système ; et (iii) les diagnostics sectoriels ;
- identifier les atouts, les faiblesses, les opportunités et les menaces en matière de développement ; et
- relever les problèmes actuels et analyser leurs causes, ainsi que leurs effets.

La finalité est de parvenir : (i) à une position concertée sur la problématique de développement national ; et (ii) à la validation des défis majeurs et des enjeux du futur.

- *Produits et outils d'étape*

Il est attendu de cette étape du processus PND, les produits suivants :

- le rapport sur la problématique, les défis et enjeux du développement ;
- les rapports des ateliers de diagnostic participatif ; et
- le rapport d'analyse de la situation de référence.

Au nombre des outils d'étape, il est recommandé de recourir aux documents suivants :

- le bilan macroéconomique et des réformes structurelles ;
- le rapport sur le financement du développement ;
- les bilans, diagnostics et perspectives sectoriels ;
- les contributions des OSC, du secteur privé et des régions ;
- les comptes rendu des ateliers d'étapes ;

- les rapports d'études sur des thèmes spécifiques ;
- les rapports d'évaluation d'interventions-types ; et
- le rapport sur la dynamique du « système Guinée » ;

4.2.3. Cadrage stratégique

À l'horizon du PND, où la Guinée voudrait-elle se situer sur le plan du développement ? Comment compte-t-elle y aller ? Et suivant quelles directions ? Telles sont les questions auxquelles le cadrage stratégique s'attachera à répondre. La réponse à la première question, appelle à assigner des objectifs au PND, tandis que la réponse aux deux dernières, relève des choix stratégiques

La démarche requiert de partir des défis majeurs et enjeux du développement mis en évidence par l'analyse de la situation de référence, et sous l'éclairage de la Vision, des orientations politiques[14] et des agendas internationaux, d'opérer des choix stratégiques qui constitueront les piliers de la phase II du plan. Cette étape reposera en outre, sur les travaux analytiques portant sur les thématiques émergentes.

Concrètement, le cadrage stratégique consiste en trois séquences : (i) la fixation des objectifs ; (ii) la prise en compte des référentiels de gestion du développement ; et (ii) les choix stratégiques.

4.2.3.1. Fixation des objectifs

Cette séquence se déroule en trois temps : (i) l'identification de tous les objectifs plausibles ; (ii) la sélection des objectifs identifiés ; et (iii) la hiérarchisation des objectifs sélectionnés.

- *Identification de tous les objectifs plausibles.*

À ce stade, il est indiqué de considérer les objectifs comme : (i) des réponses positives aux questions sous-jacentes aux problèmes, défis et enjeux mis en évidence par l'analyse de la

[14] La lettre N° 0193/CABP/ACCS/SP-PM relative au cadrage et aux orientations budgétaires (loi de finances initiale pour 2021),

situation de référence ; (ii) des progrès souhaités dans la marche du pays vers la Vision 2040 ; ou (iii) des changements désirés dans les conditions de vie et d'existence des populations.

- *Sélection des objectifs identifiés.*

La sélection se justifie du fait que ce qui est plausible n'est pas forcément pertinent. Il faut en conséquence isoler des objectifs identifiés, les objectifs qui ont un potentiel transformationnel avéré : c'est-à-dire des objectifs qui sont porteurs à la fois, de réponses adéquates à la problématique du développement, et d'avancées significatives sur la trajectoire définie par la vision.

- *Hiérarchisation des objectifs sélectionnés.*

Ce classement doit être fait suivant les trois niveaux d'objectifs spécifiés par le modèle logique du PND, à savoir le niveau global, le niveau stratégique et le niveau sectoriel. L'objectif global est celui prédéfini dans le CDLT en tant que l'un des objectifs séquentiels de moyen terme, attachés à la Vision de long terme. Les objectifs stratégiques sont formulés en lien avec les enjeux. Les objectifs sectoriels sont définis en référence aux problèmes et aux défis sous-jacents.

4.2.3.2. Prise en compte des référentiels de gestion du développement

Pour un exercice de planification, les référentiels sont des points d'ancrage des fondamentaux du Plan. Ils servent à fixer les choix stratégiques et à orienter la mise en œuvre du PND. Ces référentiels sont politiques, légaux ou règlementaires, stratégiques, programmatiques et normatifs y compris tous les engagements souscrits par le pays aux plans sous-régional, régional et international :

- les référentiels politiques. Un PND doit s'inscrire dans la vision politique du développement portée par les plus hautes autorités nationales. Le manuel recommande de s'appuyer particulièrement, sur : (i) le projet de société du Président de la République qui fixe les orientations politiques pour son mandat ;

et (ii) la déclaration de politique générale du Premier ministre, Chef du Gouvernement.

- Les référentiels légaux, juridiques et réglementaires. Le contenu du PND doit être défini dans le respect des dispositions constitutionnelles, légales, juridiques et réglementaires qui encadrent l'action publique en général, et la gestion du développement ;
- les référentiels stratégiques/programmatiques. Il s'agit de la Vision Guinée 2040 et sa déclinaison spatiale c'est-à-dire le schéma national d'aménagement du territoire (SNAT), s'il existe ; les politiques sectorielles ; la Vision 2063 de l'UA ; le NEPAD ; le Programme d'action d'Istanbul pour les PMA ; et les conclusions des COP.
- Les référentiels normatifs sont les principes directeurs (règles de base, choix politiques a priori…) et l'ensemble des valeurs, à considérer dans l'élaboration du PND. Ils servent aussi de référence dans la définition des priorités.
- Les engagements internationaux sont les obligations issues des traités et objectifs de développement convenus à l'échelle mondiale, régionale et sous-régionale. Il s'agit dans ce cas de tous les instruments universels des droits de l'homme et les objectifs de développement durable (ODD), l'agenda 2063 de l'UA, la vision de la CEDEAO.

Encadré 15 : PNDES 2021-2025 et Vision Guinée 2040

L'ENP énonce la Vision « Guinée 2040 » comme suit : « bâtir à l'horizon 2040, un pays émergent et prospère, maître de son destin, assurant un niveau élevé de bien-être à ses populations et garantissant l'avenir des générations futures ». Le PNDES II a vocation à concrétiser cette vision, sur la période 2021-2025.

Dans cette optique, le PNDES II aura comme thèmes spécifiques : les Progrès notables dans la gouvernance économique, la lutte contre la corruption et l'impunité, la résilience aux facteurs de fragilité, l'amélioration du niveau de vie et du cadre de vie, le renforcement de la cohésion sociale et les valeurs de citoyenneté, la mobilisation des ressources financières et humaines intérieures, l'attraction des investissements locaux et étrangers avec un bond significatif dans les ratios d'investissement et la croissance économique élevée et soutenue permettant une progression continue du revenu national par habitant. À travers ces thèmes, l'un des objectifs à assigner au PNDES II, est d'« impulser une gestion plus vertueuse des ressources publiques et à promouvoir une croissance économique inclusive et partagée ».

4.2.3.3. Choix stratégiques

Les stratégies indiquent les voies à suivre pour atteindre les objectifs. Dans la pratique, il y a une multitude de voies possibles, parmi lesquelles, le planificateur doit opérer des choix. À cet effet, le manuel lui recommande de recourir aux critères suivants :

- *Robustesse conceptuelle.*

Les stratégies du PND doivent être sous-tendues par un modèle de développement national fondé sur le paradigme et les thèses dominants, ainsi que sur les bonnes pratiques, en la matière. De plus, elles doivent être assorties d'un schéma de croissance cohérent avec ces référentiels théoriques et pratiques. Par exemple, d'ici à 2030, le paradigme du développement est la durabilité environnementale et le schéma de croissance est celui de la croissance verte.

- *Cohérence avec les enjeux.*

Les stratégies doivent être à la hauteur des enjeux du futur tels que mis en évidence dans l'ASR. Plus précisément, elles doivent traduire autant que possible, les appréhensions et les attentes futures des populations dans tous les domaines de la vie publique : économie, social, politique, environnemental, culturel et technologique.

- *Ancrage dans les référentiels de gestion du développement.*

Les stratégies doivent refléter : (i) les orientations politiques des autorités ; (ii) les agendas internationaux de développement ; (iii) le cadre légal et règlementaire ainsi que les principes directeurs de la gestion du développement, tels que définis au niveau national ; (iv) les politiques, stratégies et programmes en cours ; et (v) les engagements internationaux en lien avec la gestion du développement.

- *Soutenabilité financière.*

Les stratégies doivent être choisies en tenant compte des possibilités de mobilisation des ressources et de leur impact sur les grands équilibres financiers internes et externes de l'État. Le cadrage macroéconomique trouve ici toute son utilité en ce qu'il doit indiquer les schémas de financement du PND, qui garantissent la viabilité de dette tout en accordant une place de choix à l'épargne intérieure.

- *Capacités nationales.*

Les stratégies doivent induire le renforcement des capacités institutionnelles, techniques et individuelles, condition sine qua non, pour une mise en œuvre réussie du PND. Elles doivent ainsi être orientées dans le sens du progrès et de l'efficacité à travers la recherche constante de la performance des administrations, la modernisation de leurs pratiques, le perfectionnement et la standardisation des outils, le recyclage et la formation continue des agents.

Encadré 16 : Prise en compte des thématiques émergentes dans le PNDES II

Le contexte d'élaboration du PNDES II n'était plus celui dans lequel le PNDES 2016-2020 a été lancé et conduit à terme. Plusieurs événements ont jalonné la mise en œuvre de ce dernier Plan, dont le plus marquant, est la survenue de la pandémie de COVID-19. La gestion de cette crise a montré à quel point des réflexions circonstanciées et approfondies sur l'innovation, le numérique et la résilience seraient décisives pour l'élaboration du PNDES II. À ces thématiques, il faudrait ajouter celles, du capital humain et du capital naturel, deux facteurs déterminants du système-Guinée.

Ayant vocation à traiter des questions structurelles et systémiques, le nouveau Plan, devra ainsi prendre en considération, en plus de l'évaluation du PNDES I et des études pertinentes disponibles, les travaux analytiques à réaliser sur les thèmes libellés comme suit

- le rôle de l'innovation dans la transformation structurelle de l'économie guinéenne ;
- l'accélération de la transition numérique de la Guinée ;
- la promotion de l'économie verte ;
- la fragilité et les points d'ancrage d'une stratégie de résilience pour la Guinée ; et
- la valorisation du capital humain : bilan et perspectives.

4.2.3.4. Produit et outils du cadrage stratégique

Le seul produit attendu à cette étape du processus est la note d'orientation stratégique du PND.

Les outils indiqués pour cet exercice sont :

- les orientations et priorités politiques (projet de société du Président de la République, déclaration de politique générale récente du Premier ministre, Chef du Gouvernement…) ;
- le rapport d'évaluation du PND de la période [N-4, N] ;
- les rapports des travaux analytiques sur les thématiques émergentes retenues ;
- le rapport de la situation de référence ;
- les référentiels stratégiques (Vision Guinée 2040, Agenda 2063 de l'UA, Vision 2050 de la CEDEAO et Programme 2030 de Développement Durable) ;
- les référentiels légaux et règlementaires nationaux de gestion du développement ;
- les référentiels normatifs (principes, normes, valeurs) ;
- les engagements internationaux ;
- l'arbre des problèmes ; et
- l'arbre des objectifs.

4.2.4. Cadrage des résultats

Un des principes directeurs devant guider l'élaboration du PND est l'accent porté sur les résultats. Le PND doit en conséquence contenir un cadre de résultats comportant les différents niveaux de résultats à atteindre, leur énoncé et les indicateurs qui leur sont attachés. Ce cadre est indispensable pour assoir un dispositif de suivi et d'évaluation fonctionnel.

4.2.4.1. Typologie des résultats

En lien avec le modèle logique du PND, trois types de résultats sont à considérer : les résultats finaux, les résultats stratégiques et les résultats intermédiaires.

Les résultats finaux du PND sont les résultats du niveau le plus élevé. Il s'agit de résultats en termes d'impacts espérés à l'horizon de 5 ans, par la mise en œuvre du Plan, sur la situation du développement national dans toutes ses dimensions. Les résultats finaux doivent en conséquence, être énoncés de sorte à traduire les changements majeurs attendus dans les « grands » domaines de la vie publique : économique, social, politique, environnemental, culturel et technologique.

Les résultats stratégiques sont les retombées attendues des options stratégiques sous-jacentes à un pilier du Plan. Il s'agit de résultats en termes d'impacts des réformes, programmes et projets et autres interventions publiques mis en œuvre au cours de la période couverte par le PND, dans les différents secteurs du pilier considéré. Le résultat stratégique est la conjonction de plusieurs résultats intermédiaires.

Les résultats intermédiaires sont les réalisations escomptées au niveau d'un secteur au cours de la période de mise en œuvre du Plan. Il s'agit de résultats en termes d'effets des réformes, programmes et projets et autres interventions publiques mis en œuvre au cours de la période couverte par le PND dans le secteur considéré. Ils correspondent aux changements attendus en matière de performance des institutions ou de comportements des individus ou des groupes. L'effet est la conjonction de plusieurs produits ou extrants.

Les résultats viennent préciser les objectifs dans une perspective opérationnelle. En conséquence, leur formulation doit découler d'un affinement des énoncés des objectifs auxquels ils sont attachés, à savoir, l'objectif global pour les résultats finaux, les objectifs stratégiques pour les résultats stratégiques et les objectifs sectoriels pour les résultats intermédiaires.

Suivant la logique de la GAR, les résultats doivent être assortis d'indicateurs SMART : Spécifique (précis et sans ambiguïté), Mesurable (compatible avec une validation indépendante), Atteignable (incitatif pour l'action), Réaliste (attaché à un seuil suffisant pour évaluer la performance), et Temporellement défini.

Les cibles des résultats du PND, quel que soit leur niveau dans la chaîne des résultats, doivent en outre, être alignées sur les objectifs de développement internationaux : en l'occurrence les ODD jusqu'à l'horizon 2030.

4.2.4.2. Démarche du cadrage des résultats

L'exercice consiste à se baser sur le cadre stratégique élaboré, à la phase précédente, pour : (i) décliner l'objectif global du PND en objectifs spécifiques au niveau des piliers stratégiques, puis en objectifs sectoriels au niveau différents secteurs ; (ii) construire la chaîne de résultats en attachant au PND lui-même, des résultats finaux, aux piliers, des résultats stratégiques et aux secteurs, des résultats sectoriels. À tous ces résultats doivent être attachés des indicateurs. Le cadrage des résultats adopte implicitement une structuration du PND en trois niveaux d'intervention : les piliers (niveau 1) ; les secteurs (niveau 2) ; et les axes d'intervention (niveau 3). C'est ce niveau qui sert de tremplin à la planification opérationnelle qui débouche sur l'identification des réformes, des programmes, des projets et autres actions non spécifiées, lesquels constituent les outils d'opérationnalisation du PND au niveau des secteurs.

4.2.4.3. Produits et outils du cadrage des résultats

Deux produits sont attendus à cette phase du processus :

- le cadre des résultats et ;
- le cadre de mesure de performance.

Les <u>outils</u> indicatifs pour le cadre des résultats sont :

- la note d'orientation stratégique ;
- le rapport d'analyse de la situation de référence ;
- les contributions des OSC, du secteur privé et des régions ;
- les principes de la Gestion axée sur les résultats (GAR) ;
- le vocabulaire de la Gestion Axée sur les résultats (GAR) ; et
- les guides méthodologiques pertinents en la matière.

4.2.5. Cadrage macroéconomique

La mise en œuvre du PND requiert un volume important, mais pas toujours disponible, de financements intérieurs et extérieurs. C'est pourquoi, il est important au cours de son élaboration, de s'assurer que les choix stratégiques et opérationnels soient faits en adéquation avec les moyens financiers mobilisables. Le cadrage macroéconomique est l'exercice requis à cette fin.

4.2.5.1. Démarche du cadrage macroéconomique

Le cadrage macroéconomique permet de connaître les ressources financières totales que peut générer l'ensemble de l'économie nationale sur une période donnée. En particulier, il fournit des indications sur les marges de manœuvre budgétaires du gouvernement : c'est-à-dire, de quelles ressources publiques disposera-t-il pour la mise en œuvre du Plan ? Ces ressources sont-elles disponibles au niveau adéquat ? Sinon quel est le gap ? Ce dernier est-il finançable ? Si oui quelles sont les opportunités de financement qui s'offrent ? Comment le faire tout en maintenant la stabilité macroéconomique du pays ?

Le cadrage macroéconomique fournit des réponses à toute cette série de question. Le cadrage macroéconomique est un outil de prévision, d'analyse, d'orientation et d'aide à la décision. Il est le complément indispensable du cadrage stratégique en même qu'il est un outil pour le cadrage budgétaire.

4.2.5.2. Produits et outils du cadrage macroéconomique

Il est attendu du cadrage macroéconomique, les produits ci-après :

- un bilan économique des 5 années de mise en œuvre du PND précèdent, (c'est-à-dire la période allant de N-4 à N), portant sur les points suivants : (i) la dynamique macroéconomique ; (ii) l'évolution de l'offre ; (iii) le système des prix ; (iv) les finances publiques et la politique budgétaire ; (v) la monnaie et la politique monétaire ; (vi) le commerce extérieur, la balance des paiements et la politique de change ;
- une revue des engagements vis-à-vis de la communauté internationale (FMI, Banque Mondiale, UE, BAD, BADEA, BID, Coopération bilatérale, etc) et leurs implications en termes de contraintes budgétaires pour le pays ;
- les prévisions des agrégats macroéconomiques, suivant trois scénarios (combinaisons d'hypothèses) d'évolution économique et financière : (i) un scénario de base ; (ii) un scénario optimiste ; et (iii) un scénario pessimiste ;
- les estimations de ressources financières mobilisables sur une base pluriannuelle ; et
- la note de cadrage macroéconomique.

Les outils recommandés pour le cadrage macroéconomique sont :

- les rapports de travaux analytiques dans le domaine macroéconomique ;
- les rapports du FMI au titre de l'article IV des statuts de l'institution ;
- les documents de programmes économiques et financiers avec le FMI

- les séries des comptes macroéconomiques : (i) les comptes nationaux ; (ii) le TOFE ; (iii) les agrégats monétaires ; et (iv) la balance des paiements ;
- un modèle de programmation financière ;
- le Modèle de Simulation de l'Économie Guinéenne (MSEGUI) ; et/ou
- un modèle approprié (prévisions macroéconomiques, croissance, simulation…).

4.2.6. Cadrage budgétaire

L'élaboration d'un PND conduit à des choix de priorités. Et pour être réalisées, ces priorités doivent être reflétées dans le budget à travers des programmes, projets ou autres dotations. Or les disponibilités du budget sont limitées par les plafonds de dépenses issus du cadrage macroéconomique. D'où la nécessité d'opérer des arbitrages pour concilier les priorités stratégiques avec les prévisions budgétaires. C'est le cadrage budgétaire.

4.2.6.1. Démarche du cadrage budgétaire

Sur la base des prévisions issues du cadrage macroéconomique, des enveloppes financières sont dégagées en fonction des priorités du PND. Ces enveloppes sont réparties en cascade : (i) selon les piliers stratégiques du Plan ; (ii) selon les secteurs de planification de chaque pilier ; et (iii) selon les ministères, sous forme d'allocations budgétaires.

4.2.6.2. Produit et outils du cadrage budgétaire

Le produit du cadrage budgétaire du PND est le CBMT (Cadre budgétaire à moyen terme). Le CBMT est la traduction en termes budgétaires des priorités du PND. Le CBMT est ainsi, un référentiel pour la programmation et la budgétisation sectorielles. Il oriente les choix stratégiques au niveau des secteurs/ministères, guide la programmation pluriannuelle de leurs dépenses ainsi que des allocations pour le budget annuel.

Les outils du cadrage budgétaire sont :

- la note de cadrage macroéconomique ;
- la note d'orientation stratégique ;
- le cadre des résultats ; et
- le modèle de calcul de la marge budgétaire et des plafonds des dépenses.

4.2.7. Cadrage programmatique

Une fois les marges budgétaires connues, la suite de la démarche de planification est le cadrage programmatique. C'est cet exercice qui concrétise les choix stratégiques et définit la destination des allocations budgétaires. Cet exercice est fait autour de l'action qui est l'élément clé de la programmation et dans le respect des enveloppes dégagées par le CBMT.

4.2.7.1. Démarche de cadrage programmatique

Une fois les marges de manœuvre budgétaires connues, la suite de la démarche de planification doit conduire à identifier, hiérarchiser et organiser les actions prioritaires devant permettre d'atteindre les résultats fixés. Une action au sens du PND est soit : (i) une mesure de politique (prise de textes légaux et réglementaires, un changement de politique économique ou sociale, des actions de réformes structurelles et institutionnelles, etc) ; soit (ii) des programmes ou projets visant soit à augmenter l'offre des biens et services, soit à renforcer les capacités institutionnelles, soit à promouvoir la recherche, l'innovation ou le transfert de technologie… Ces actions doivent être dans un lien de causalité avec les résultats à l'obtention desquels elles contribuent. Il peut s'agir d'actions nouvelles ou d'actions résiduelles des programmations en cours.

4.2.7.2. Produit et outils du cadrage programmatique

Le produit du cadrage programmatique est la Matrice d'Actions Prioritaires du PND. C'est sur la base de cette matrice que sera élaboré le Programme National d'Investissement (PNI).

Les outils du cadrage programmatique sont :

- la note d'orientation stratégique ;
- le modèle logique du PND ;
- la nomenclature des secteurs de planification et ;
- les outils de planification opérationnelle.

4.2.8. Bouclage du processus PND

Les étapes de rédaction finale, de validation et de vulgarisation assurent le bouclage du processus PND. En effet, le produit final des étapes décrites ci-dessus est un document consolidé et synthétisé qui matérialise le Plan, et dont le contenu a reçu l'approbation des différentes instances compétentes du Gouvernement. D'un autre côté, il importe de souligner que la réussite de tout le processus d'élaboration du PND, requiert la prise en compte des hypothèses et des risques susceptibles de l'influencer, ainsi que les mesures qui permettraient d'atténuer les manifestations éventuelles, de ces derniers. Il s'agit de considérations importantes à intégrer au PND avant de finaliser sa rédaction.

4.2.8.1. Hypothèses et risques

Le document du PND doit mettre en avant des hypothèses avant sa rédaction finale. Ces hypothèses tiennent à la double utilité que revêt cet instrument de programmation, à la fois pour le Gouvernement et les PTF. Pour le Gouvernement, il est utile de disposer d'un support actualisé de ses priorités en guise de réponse aux défis socioéconomiques auxquels fait face le pays. Le PND doit en outre, servir comme instrument de mobilisation de ressources pour le financement du développement. Pour les PTF, le PND est utile en ce qu'il est le cadre de référence pour les appuis aux actions de développement national de la Guinée conformément aux principes de la Déclaration de Paris.

En revanche, la mise en œuvre du PND est exposé à des risques de nature, soit à induire des retards à certaines étapes du processus, soit à altérer la qualité du document, soit encore, à compromettre ses réalisations. Au nombre de ces risques, il importe de relever ; (i) les lourdeurs administratives et procédurales notamment en matière d'exécution financière des activités planifiées dans le cadre du processus ; (ii) le défaut d'anticipation ou de réactivité de la part de certains acteurs clés du processus ; (iii) le faible engagement politique des autres départements ministériels pouvant se traduire par une indifférence ou un décalage dans les suites à donner aux demandes du ministère du plan ; (iv) la survenue de chocs sanitaires, économiques ou climatiques. Il importe de souligner qu'il ne suffit pas d'identifier ces risques, mais il faut en plus, indiquer dans le document du PND quelles sont les mesures d'atténuations à mettre en place.

4.2.8.2. Rédaction finale du PND

La rédaction du document de PND est à la fois un exercice de consolidation, de synthèse et de mise en forme des produits des étapes antérieures suivant un plan de rédaction prédéfini. Les documents de base devant faire l'objet de consolidation sont en priorité : le rapport d'évaluation du PND précèdent, le rapport d'analyse de la situation de référence, et la note d'orientation stratégique.

Cette consolidation permettra de bien mettre en exergue dans le document du Plan, le lien logique entre les défis et enjeux d'une part, la vision et les choix stratégiques du Plan, d'autre part. Les contributions des secteurs, des régions, des OSC et du secteur privé feront l'objet de synthèse par pilier du PND en cohérence avec les choix stratégiques. Les consolidations d'un côté et les synthèses de l'autre serviront à donner un contenu structuré au document du plan.

Le produit attendu de cette étape est la version préliminaire de l'avant-projet du PND qui peut être présenté en plusieurs volumes dont :

- le document principal du PND ; et
- les annexes (y compris la matrice des résultats).

Les outils recommandés pour cet exercice sont :

- le plan de rédaction ;
- le rapport d'ASR ;
- la note d'orientation stratégique ;
- la note de cadrage macroéconomique ;
- la matrice des résultats ;
- la matrice d'actions prioritaires ; et
- la retraite de rédaction.

4.2.8.3. Validation du PND

Les précédentes étapes ont permis d'élaborer un avant-projet de PND. Il importe dès lors, de poursuivre le processus devant permettre de rendre disponible sa version définitive, version destinée à l'usage des différents utilisateurs.

- *Objet de l'étape de validation*

La validation intervient une fois que la version préliminaire de l'avant-projet du Plan est rendue disponible par la DN responsable du niveau technique du cadre institutionnel du processus du PND. Deux types de validations sont attendus : (i) une validation technique ; et (ii) une validation politique.

La validation technique relève des attributions de deux organes de la CND et se fait de façon séquentielle : d'abord le CoPil/PND qui donne son avis consultatif sur la version préliminaire du PND ; et ensuite le COS, pour la validation formelle.

La validation politique est du ressort des instances gouvernementales et de l'Assemblée nationale. Dans un premier temps, le conseil interministériel présidé par le Premier Ministre, entérine la version de PND validée par le COS. Dans un deuxième temps, c'est le conseil des ministres présidé par le

Président de la République qui adopte le projet de PND. Dans un troisième temps, c'est le tour de l'Assemblée nationale. La procédure à ce niveau, exige : (i) l'examen par la commission technique compétente, du projet de PND ; ensuite (ii) des débats en plénière sur le rapport de ladite commission. C'est à la suite de ces préalables que l'Assemblée nationale procède au vote de la loi-Plan.

- *Produits et outils d'étape*

Les produits attendus de cette étape sont :

- l'avant-projet de PND validé ;
- le projet de PND adopté ; et
- la loi-Plan.

Les outils recommandés pour cet exercice sont :

- la note de présentation de l'avant-projet de PND ;
- la note de présentation du projet de PND ; et
- le rapport de la commission compétente de l'Assemblée nationale.

4.2.8.4. Vulgarisation du PND

À la suite de l'adoption du Plan comme loi de l'État, il est de la responsabilité du Gouvernement à travers le Ministère en charge du Plan et du Développement, de le populariser. Cette étape participe de l'approche participative et inclusive qui doit guider le processus du PND.

- *Objet de l'étape de vulgarisation*

L'objet de la vulgarisation est de partager avec tous les citoyens, le contenu du PND afin de faciliter son appropriation. Légitimement, ils doivent savoir s'ils ont été pris en compte dans l'appréhension des problèmes de développement ainsi que dans les réponses qui y sont apportées, et sous quelle forme ces réponses se présentent.

- *Produit et outils d'étape*

Le produit attendu de cette étape est le rapport de la campagne de vulgarisation.

Les outils recommandés pour cet exercice sont :

- le document principal du PND voté ; et
- le support de la vulgarisation.

4.2.9. Modalités de mise en œuvre, de suivi et d'évaluation

La promulgation par le Président de la République, de la loi portant PND votée par l'Assemblée nationale, met en place les conditions légales et règlementaires de sa mise en œuvre, de son suivi et de son évaluation.

4.2.9.1. Mise en œuvre du PND

L'État à travers ses administrations centrales et déconcentrées, les collectivités locales, le secteur privé, les organisations de la société civile et les partenaires techniques et financiers (PTF) sont les principaux acteurs de la mise en œuvre du PND. Ces acteurs contribueront à la mise en œuvre du PND à travers leurs instruments respectifs.

Mise en œuvre du PND par l'État. L'État utilise les instruments de politique économique pour garantir la stabilité du cadre macroéconomique, condition indispensable pour créer un environnement non-inflationniste et attractif aux investisseurs. Il doit sur cette base, poursuivre ses efforts de mobilisation des ressources intérieures et de renforcement du cadre fiduciaire de la gestion budgétaire. La finalité étant de limiter le gaspillage et de lutter contre la corruption, tout en assurant une bonne qualité de la dépense publique.

L'État dispose par ailleurs, de la LORF et du Règlement Général de la Gestion Budgétaire et de la Comptabilité Publique (RGGBCP), pour : (i) encadrer la gestion budgétaire ; (ii) procéder à des allocations stratégiques de ressources à travers le CBMT et le CDMT global.

Mise en œuvre du PND par les ministères sectoriels. Au niveau des ministères sectoriels, les instruments de mise en œuvre du Plan sont : (i) les politiques/stratégies sectorielles (ou thématiques) ; (ii) les cadres des dépenses à moyen terme (CDMT) ; (iii) le programme d'investissement public (PIP) ; (iv) le budget de l'État ; et (v) les plans d'actions (PdA) ministériels.

Les politiques/stratégies sectorielles doivent être cohérentes avec le PND. En tant que traduction budgétaire sur trois (3) de ces politiques, les CDMT mettent en évidence les marges de manœuvre devant guider les ministères dans l'élaboration de leur PdA et de leur budget annuel. Une fois la loi de finances adoptée et les crédits ouverts, les ministères peuvent mettre en œuvre, leurs actions suivant les procédures réglementaires en vigueur.

Mise en œuvre du PND par les collectivités locales. Les collectivités locales concourent à la mise en œuvre du PND, à travers les instruments prévus par le Code des Collectivités Locales (CCL). En la matière, il s'agit des Plans de Développement Local, (PDL), des Programmes Annuel d'Investissement (PAI) et des budgets des collectivités. Un cadre d'action régional/préfectoral conforme aux dispositions du CCL, servira de support aux échelons déconcentrés de l'État pour assurer la cohérence des PAI et la coordination de leur mise en œuvre sur le terrain.

Mise en œuvre du PND par le secteur privé. Le secteur privé est un acteur important de premier plan pour la croissance et le développement économique de la Guinée. Il joue un rôle prépondérant dans la production, la transformation, la commercialisation des produits locaux et la création d'emplois et constitue une source importante de recettes publiques. Le secteur privé contribue à la mise en œuvre du PND de plusieurs manières. Sur le plan institutionnel, il participe aux travaux des instances de la CND. Sur le plan technique, le PND offre au secteur privé, un cadre de référence pour formuler et/ou ajuster ses stratégies de branche ou d'entreprises. En outre, il œuvre avec l'État à l'exécution des dépenses d'investissement à travers les Partenariats Public-Privé (PPP).

Mise en œuvre du PND par la société civile. La société civile est aujourd'hui un acteur clé dans la gestion des affaires publiques. Elle exerce un rôle de veille citoyenne et de médiation dans les situations conflictuelles auxquelles fait face le pays. Les Organisations de la société civile (OSC), proches des collectivités et des populations sont des partenaires incontournables dans la mise en œuvre des programmes et projets de développement. De plus, elles seront des acteurs dans l'information, la sensibilisation, la formation et le plaidoyer en vue de l'appropriation du PND par les citoyens à la base. C'est pourquoi, outre leur participation dans les instances d'élaboration et de suivi-évaluation du PND, les OSC doivent être impliquées dans l'élaboration, la mise en œuvre et le suivi des programmes et projets de développement à la base.

Mise en œuvre du PND par les PTF. Les cadres de coopération et les conventions de partenariat (appui-budgétaire, appui-projet, etc.) sont les principaux instruments des PTF pour la mise en œuvre du PND. Le dialogue sur les politiques sera organisé dans le cadre de la CND. Ce dialogue est conduit sous le leadership des autorités nationales dans le strict respect des principes de la Déclaration de Paris. Le Gouvernement s'attachera de son côté à mieux coordonner les appuis des PTF. Le PND est dans cette perspective, le cadre de référence sur lequel devront s'aligner les PTF. Le Gouvernement attend également de ces derniers, plus d'approches conjointes en matière d'appui au PND, pour plus d'efficacité de leurs interventions. À cet effet, il s'appuiera sur les dispositions de la LORF pour asseoir un cadre fiduciaire à même de faciliter l'utilisation des procédures nationales de dépenses publiques et la mobilisation d'appuis budgétaires.

4.2.9.2. Suivi et évaluation du PND

Un mécanisme de suivi et d'évaluation est indispensable pour mesurer et évaluer la performance des actions prévues dans le PND. Ce mécanisme est présenté ici à travers les aspects suivants : (i) la démarche de performance ; (ii) la composante technique de suivi ; (iii) la composante technique d'évaluation ; (iv) les supports de la performance ; (v) le système d'information pour le suivi de la performance ; et (vi) les revues de performance.

- *Composante technique de suivi.*

De façon continue, la composante technique de suivi vise à collecter et analyser des données pour fournir des éléments d'appréciation sur les progrès réalisés dans la mise en œuvre des réformes et des programmes ainsi que sur les résultats obtenus. Elle comprend deux volets : (i) le suivi de la mise en œuvre et (ii) le suivi des effets.

Suivi de la mise en œuvre. Ce volet de suivi du PND permet de suivre l'exécution des réformes, programmes et projets (RPP). Il comprend trois phases importantes.

- La 1re phase est le contrôle des dépenses. Il consiste à faire un suivi mensuel de l'évolution des dépenses par rapport aux prévisions, à s'assurer de la disponibilité des ressources et du respect des délais de décaissements.
- La 2e phase est le suivi de l'exécution financière des programmes. Il s'agit de veiller à une bonne utilisation des ressources pour les activités des programmes, de s'assurer que les moyens ont été mis à la disposition des programmes et que ces moyens ont effectivement été utilisés pour réaliser les activités pour lesquelles ils étaient destinés.
- La 3e phase est le suivi de l'exécution technique des programmes. Il a pour objet de veiller à la bonne exécution des activités des programmes, et de s'assurer que : (i) les activités devant être achevées le sont effectivement ; (ii) les produits

escomptés de ces activités sont réalisés ; et (iii) le niveau d'exécution des activités en cours évolue comme prévu.

*Suivi des effets.*_Il s'agit de s'assurer que les activités exécutées et les produits obtenus permettent de progresser dans l'atteinte des effets escomptés des programmes. Les effets sont les conséquences à court terme des RPP sur les bénéficiaires directs. Ils s'apprécient en termes d'accès, de degré d'usage et de satisfaction.

- *Composante technique de l'évaluation.*

La composante technique de l'évaluation du PND vise à faire une appréciation épisodique et objective des réformes et des programmes, de leur conception, de leur mise en œuvre et des résultats obtenus. Elle comprend : (i) l'audit de la performance des programmes, et (ii) les évaluations d'impacts.

Audit de la performance. L'audit de performance consiste à examiner dans quelle mesure, les ministères et autres entités publiques auditées, ont utilisé les ressources financières allouées conformément aux principes d'économie, d'efficience et d'efficacité (les 3E). L'audit de la performance est un audit de la bonne gestion financière. Il est conforme à l'esprit et à la lettre de la LORF qui a consacré la démarche de performance dans la gestion budgétaire. Les modalités pratiques de réalisation de l'audit de la performance seront définies dans le guide de suivi-évaluation du PNDES qui sera élaboré une fois le Plan adopté.

Évaluation d'impacts Deux types d'évaluation sont envisagés dans le cadre du PND : une évaluation à mi-parcours et une évaluation finale.

- L'évaluation à mi-parcours permet de dresser un bilan d'étape du PND avec pour finalité d'infléchir ou de recentrer la mise en œuvre des réformes, programmes et projets inscrits au Plan. Elle consiste en une analyse du degré d'utilisation des ressources, l'efficacité et l'efficience des actions, leurs conséquences socio-économiques. L'évaluation à mi-parcours permet également d'identifier les facteurs ayant contribué au succès ou à l'échec de la mise en œuvre des actions.

- L'évaluation finale du PND est une évaluation ex post en ce qu'elle intervient en fin de parcours. Elle permet de faire un bilan général du Plan dans tous les aspects de sa mise en œuvre. Elle sert à analyser si les résultats obtenus (en termes d'effets et d'impacts) peuvent être considérés comme positifs à la clôture du Plan.

- *Supports de la performance*

Les supports de la performance du PND sont : les outils et les documents de suivi de la performance.

Outils de suivi de la performance. Il s'agit du cadre des résultats et du cadre de mesure de la performance. Le cadre des résultats est l'outil de base du suivi de la performance du PND. Ce cadre est articulé autour d'une chaîne de résultats à trois niveaux [résultats intermédiaires -- -> résultats stratégiques ---> résultats finaux]. Dans ce cadre, figurent : (i) l'énoncé de chacun des résultats ; (ii) les indicateurs d'effets ou d'impacts qui lui sont attachés ; (iii) la/les sources des données nécessaires au calcul des indicateurs ; (iv) la structure responsable de leur production ; et (v) les valeurs de référence et les valeurs cibles. Les cadres de mesures des performances (CMP) du PND constituent le deuxième outil de suivi de la performance.

Documents de suivi de la performance. Pour les besoins de suivi et d'évaluation du PND, deux types de documents sont prévus : les Documents Annuels de Programmation (DAP) et les rapports annuels de performance (RAP). À cela s'ajoutent les rapports d'évaluation (audit de performance, évaluation à mi-parcours et évaluation ex post).

Le DAP global présente pour chaque année, selon les déclinaisons du PND, de la hiérarchie des objectifs et de la chaîne des résultats, les actions à réaliser au titre du Plan pour l'année considérée, les implications budgétaires de ces actions et les indicateurs de performance qui y sont attachés.

Le RAP d'une année permet de tirer en année N, les leçons de la mise en œuvre du DAP de l'année N-1 en vue de la préparation du DAP de l'année N+1. Il répond aux exigences de reddition des comptes et de rétroactions propres à la GAR, un des principes directeurs du PND.

Le RAP suit une présentation analogue à celle du DAP, seulement qu'il met plus l'accent sur les résultats obtenus. Il décrit les actions menées au cours de l'année sous revue, comme dans un rapport classique de mise en œuvre, puis il présente les résultats en matière de performance, sur la base du suivi des indicateurs figurant dans le DAP et éventuellement d'autres éléments, et les interprète.

- *Système d'information pour le suivi de la performance*

Les données qui alimentent le suivi de la performance proviennent d'un système d'information. Celui-ci observe la réalité, puis la traduit en données qui, à leur tour, sont rassemblées, vérifiées, synthétisées, transmises et présentées, de telle sorte qu'elles restituent au mieux les produits et les résultats de l'action publique considérée. La mise en place d'un système d'information propre au suivi de la performance des RPP dans les ministères doit être prise en charge par les BSD et les structures compétentes du niveau régional, en étroite collaboration avec l'Institut National de la Statistique (INS).

Pour le suivi et l'évaluation du PND les besoins en données nécessaires pour renseigner les indicateurs de performance (y compris ceux relatifs au suivi des ODD) seront identifiés et classés selon leur source. Une fois les besoins identifiés, la deuxième étape est de s'assurer de la disponibilité des données. Trois sources de données sont à considérer : le recensement, les enquêtes et les données de source administrative (statistiques courantes). L'INS est la structure habilitée à assurer la disponibilité des données de recensement et d'enquêtes. La production des données de source administrative en revanche, dépend de l'organisation du système statistique au niveau des ministères et des régions. La mise en place prévue des organes de gouvernance de la statistique en Guinée, en particulier le CNS, devrait permettre de répondre adéquatement à la demande d'information pour le suivi et l'évaluation du PND.

- *Revues de performance*

Pour être efficace, le suivi de la performance doit reposer sur un mécanisme de revue. Qu'est-ce qu'une revue au sens du PND ? Et quel doit être son format ?

Définition et objet. Au sens du PND, une revue comme une réunion ou une série de réunions officielles entre les acteurs aux différents niveaux de mise en œuvre du PND. Elle rassemble l'échelon décisionnel, l'échelon technique et l'échelon opérationnel. Les revues ont pour objet : (i) d'évaluer l'état d'avancement du PND ; (ii) d'échanger sur ses résultats d'étape ; (iii) d'infléchir certains choix stratégiques ; (iv) de prendre des mesures correctrices ; et (v) d'adopter les documents de programmation.

Format des revues. Selon les niveaux de déclinaison du PND, quatre types de revues sont prévues : (i) les revues ministérielles/régionales ; (ii) les revues thématiques ; (iii) les revues techniques ; et (iv) les revues plénières. Ces revues peuvent être ordinaires ou extraordinaires.

Deux types de revue ordinaires sont envisagés dans le cadre du PND : les revues de mise en œuvre et les revues de programmation. Les revues du PND sont alignées sur le calendrier du cycle budgétaire tel que défini par la LORF. La périodicité des revues est de ce fait, semestrielle avec des revues de mise en œuvre au 1er semestre et les revues de programmation au 2d semestre.

Les revues extraordinaires sont organisées aux différents niveaux en cas de nécessité. Il en sera ainsi : (i) lors de l'examen des rapports d'audit de performance des ministères ou des rapports d'évaluation d'impact d'actions-types, ou (ii) dans le cas de l'examen des rapports d'évaluation à mi ou fin de parcours. Des études spécifiques réalisées dans le cadre du PND peuvent également donner lieu à l'organisation de revues extraordinaires.

5. Gestion des investissements publics

En plus de l'ENP et de l'élaboration du PNDES 2016-2020, la Gestion des Investissements Publics (GIP) est également, un domaine dans lequel j'ai introduit des innovations et engagé des réformes.

Cette partie du manuel est structurée en trois (3) sections : (i) élaboration du Programme National d'Investissement (PNI) ; (ii) travaux analytiques sur la GIP ; et (iii) renforcement des capacités en GIP.

5.1. Élaboration du Programme National d'Investissement (PNI)

Le PNI fut une innovation que j'ai introduite et qu'il serait indiqué d'ancrer dans la gestion du développement en Guinée, en tant qu'une bonne pratique. Autrefois, les plans (ou ce qui en tenait lieu) étaient élaborés sans une démarche de programmation clairement définie. Les PIP étaient conçus en déconnexion du référentiel stratégique qu'est le PND.

Cette partie du manuel contient des indications méthodologiques pour l'élaboration du Programme National d'Investissement (PNI). Elle s'articule autour de trois (3) sections : (i) les généralités ; (ii) le cadrage macroéconomique ; et (iii) le cadrage programmatique. En guise d'illustration, des annexes portant sur le PNI 2016-2020, complètent ces sections.

5.1.1. Généralités

Selon le concept de PPBSE, la programmation est le processus qui suit immédiatement la planification. Ainsi, planification et programmation sont logiquement liées. Sans la programmation, la planification reste de l'ordre des intentions, et sans la planification, la programmation ne dispose pas de repères pour procéder à des choix opérationnels cohérents.

L'articulation entre la planification et la programmation est assurée dans le modèle logique du PND à travers les axes d'intervention qui délimitent les champs dans lesquels sont opérés le choix des actions à programmer.

5.1.1.1. Approche pratique de la programmation

La programmation est un processus de déclinaison des choix stratégiques du PND en actions concrètes et réalisables dans le temps. Elle consiste, sur la base des options stratégiques, en l'identification, la sélection, la budgétisation et l'ordonnancement dans le temps, des actions destinées à concrétiser le Plan. Cet ordonnancement est établi en fonction de la disponibilité des ressources financières et de la durée de mise en œuvre des actions.

5.1.1.2. Approche pratique de l'investissement

L'investissement est la composante de l'action qui est réalisée au moyen des dépenses en capital. L'investissement a une double vocation : générer des revenus futurs ou accroître la valeur d'un actif. Il peut prendre différentes formes, notamment : (i) l'investissement financier ; (ii) l'investissement immobilisé ; (iii) l'investissement privé (entreprises et ménages) ; (iv) l'investissement en capital humain ; et (v) l'investissement public.

Encadré 17 : Concept d'investissement public

De façon usuelle, l'investissement public fait référence aux dépenses du gouvernement consacrées aux infrastructures économiques tels que les aéroports, les routes, les chemins de fer, les réseaux d'eau et d'assainissement, les services publics d'électricité et de gaz, les télécommunications et les infrastructures sociales tels que les écoles, les hôpitaux et les prisons (FMI, 2015). Le terme « investissement public » est aussi parfois utilisé par les gouvernements au sens large pour englober l'investissement en capital humain tels que les dépenses en éducation et en santé ou les investissements financiers des institutions gouvernementales, comme les fonds souverains.

D'un point de vue comptable, un investissement public se caractérise par l'acquisition par l'État ou une autre personne publique, d'un actif qui vient augmenter la valeur de son patrimoine et qui fait l'objet d'un amortissement, selon un taux et une durée qui sont fonction de la nature de l'investissement considéré. Il concourt à la formation brute de capital fixe.15 Cette définition est cohérente avec la loi organique relative aux lois de finances qui exigent une présentation des crédits par nature de dépense.

5.1.2. Programme National d'Investissement

Le PNI est l'ensemble des projets et programmes judicieusement choisis et destinés à concrétiser le PND sur un horizon. De façon pratique, l'élaboration du PNI consiste en un double cadrage : un cadrage macroéconomique et un cadrage programmatique. Les deux exercices peuvent être conduits, d'abord parallèlement, avant d'être, par la suite, mis en phase, pour aboutir au produit final qu'est le Programme National des Investissements (PNI).

5.1.2.1. Cadrage macroéconomique du PNI

Les tâches suivantes doivent être exécutées au titre du cadrage macroéconomique des investissements : (i) la collecte des données prévisionnelles sur les investissements ; (ii) la détermination de l'enveloppe globale des investissements publics compatible avec le cadrage macroéconomique du PND puis sa répartition prévisionnelle en fonction des piliers et

---

[15] AFRITAC de l'Ouest. République de Guinée : Appui à l'élaboration d'un cadre juridique de la gestion des investissements publics – juillet 2019.

domaines prioritaires du PND ; et (iii) le schéma de financements prévisionnels des investissements.

- *Collecte des données prévisionnelles sur les investissements*

Cette tâche s'appuie sur les travaux du cadrage macroéconomique. Elle consiste à mettre en évidence sur la période [N ; N+4] couverte par le PND les prévisions des grandeurs macroéconomiques suivantes : (i) la Formation Brute de Capital Fixe (FBCF) totale désagrégée en ses composantes publique et privée ; et (ii) les financements prévisionnels des investissements sur la période, tels que détaillés dans le TOFE et la balance des paiements issus du cadrage macroéconomique.

- *Enveloppe globale des investissements*

L'enveloppe globale des investissements est la somme du montant de FBCF totale compatible avec le cadrage macroéconomique calculée sur toute la période [N ; N+5].

À l'aide de clés de répartition fixées à partir de la MAP, l'enveloppe ainsi déterminée est ensuite distribuée, dans un premier temps, selon les piliers, puis dans un deuxième temps, à l'intérieur de chaque pilier, selon les domaines.

- *Schéma de financements prévisionnels*

Le schéma de financement prévisionnel des investissements consiste à indiquer la manière dont le coût total des investissements est financé. Ce qui revient à préciser les sources de financement c'est-à-dire quelles sont les parts respectives de l'État, des PTF et du secteur privé. La définition du schéma de financement doit s'appuyer sur les prévisions des agrégats de financement suivants :

- épargne intérieure désagrégée en ses composantes publique et privée ;
- transferts courants désagrégés en leur composante publique (notamment les dons programmes comme les appuis budgétaires) et privée (les envois de fonds des migrants) ;

- revenus nets des facteurs (intérêts et dividendes publics ou privés nets) ;
- les transferts en capital (notamment les dons projets, les remises de dettes attendues) ;
- les investissements directs étrangers ;
- les emprunts extérieurs nets, désagrégés en leurs composantes privée et publique (ici les tirages sur prêts projets net des amortissements dus) ; et
- la variation des réserves de changes.

5.1.2.2. **Cadrage programmatique**

Ce cadrage permet d'obtenir cinq résultats : (i) une batterie de critères de programmation ; (ii) le portefeuille de programmes ou projets (P/P) de référence ; (iii) le portefeuille de P/P structurants ; (iv) le noyau dur des investissements du PND ; et (v) les blocs de programmation des P/P.

- *Critères de programmation*

Une batterie de critères de programmation est nécessaire pour opérer des choix judicieux de P/P à inscrire au PNI. Ces critères sont généralement de deux ordres : (i) des critères de performance ; et (ii) des critères de maturité.

- Les critères de performance sont relatifs à :

- L'ancrage du P/P dans le PND ; et/ou
- Son alignement sur les politiques ou stratégies sectorielles ;
- L'efficience du P/P, c'est-à-dire la capacité P/P à atteindre les objectifs à des coûts raisonnables et sans gaspillage ;
- L'impact socio-économique c'est-à-dire les contributions attendues du P/P en termes de création de valeur ajoutée, de déficit budgétaire, création d'emplois décents, redistribution des revenus ; et
- La viabilité c'est-à-dire l'empreinte écologique du P/P.

- Les critères de maturité pourraient être appréciés à partir de trois (3) principaux documents, à savoir :

- Le document de P/P ;
- Les rapports d'études complémentaires (techniques, environnementales ou de faisabilité) ;
- Le recueil des Dossiers d'Appel d'Offre (DAO) ou des contrats afférents au P/P.

Encadré 18 : Critères de programmation du PNI 2016-2020

Une batterie de critères de programmation a été définie pour opérer des choix des P/P du PNI. Ces critères sont de trois (3) ordres : (i) des critères d'alignement sur le PNDES ; (ii) des critères de pertinence ; et (iii) des critères de maturité.

Critères d'alignement. Ils consistent à apprécier l'ancrage du P/P dans le PNDES ainsi que son ordre de priorité. Les éléments de référence pour l'application de ce critère sont :

- la concrétisation par le P/P d'au moins une action prioritaire du PNDES ;
- l'alignement du P/P sur l'une ou l'autre des options stratégiques d'un domaine prioritaire du PNDES ;
- l'alignement du P/P sur des politiques ou stratégies sectorielles/thématiques existantes ;
- l'alignement du P/P sur au moins une des cinq (5) orientations générales du PNDES.

De façon pratique, l'alignement consiste à apprécier si le P/P est conforme au contenu narratif soit du domaine ou du pilier auquel il est rattaché, soit des orientations stratégiques du PNDES.

Critères de pertinence. Ils consistent à discriminer les P/P en fonction de leur potentiel d'impact. Les éléments de référence pour l'application de ce critère sont :

- l'effet multiplicateur supposé ou avéré (sur la base d'études de faisabilité) du P/P en termes de chaîne de valeurs intra sectorielles ou d'effets d'entraînement multisectoriel ;
- la capacité supposée ou avérée (sur la base d'études de faisabilité) du P/P à générer une forte valeur ajoutée en termes de revenus fiscaux ou non-fiscaux pour l'État, de devises, de création d'emplois et/ou de redistribution de revenus ; et
- la contribution du P/P aux résultats stratégiques du PNDES en termes de promotion de la gouvernance, d'inclusion sociale ou de sauvegarde de l'environnement.

Critères de maturité. Ils consistent à apprécier les P/P à partir des éléments ci-après :

- le niveau de préparation des études de faisabilité et/ou techniques (APS, APD,...) ;

- la disponibilité de dossiers ou de documents contractuels ;
- le statut du financement ; et
- l'état d'avancement du P/P.

Critères de catégorisation d'un projet du PNI. Ces critères sont une combinaison des critères d'alignement, de pertinence et de maturité. Leur application permet de choisir les projets phares, les projets actifs et les projets de réserve.

- Un projet phare respecte les critères suivants :
  - il est pertinent du point de vue du PNDES (cf. critères ci-dessus) ;
  - il est hyper prioritaire ; et
  - son financement est, ou à rechercher, ou partiellement acquis ou en négociation.
- Un projet actif respecte les critères suivants
  - il est pertinent du point de vue du PNDES ;
  - il est prioritaire
  - il est en cours d'exécution, achevé, ou en cours d'achèvement ; et
  - son financement est acquis ou partiellement acquis.
- Un projet de réserve est un projet qui n'est ni un projet phare ni un projet actif. De plus un projet de réserve se caractérise par un degré de maturité très faible.

- *Portefeuille de référence*

Le portefeuille de P/P de référence est le paquet de programmes ou projets sélectionnés sur la base des critères ci-dessus définis, quels que soient leur statut, leur maturité et leur pertinence. Il est indiqué de présenter ce portefeuille par pilier du PND de sorte à avoir une lecture aisée des P/P soit par domaine du PND soit par secteur du PIP. Ce portefeuille sera désagrégé en deux composantes : (i) une composante de P/P exclusivement publics, c'est-à-dire financés par le BND et/ou le FINEX ; et (ii) une composante PPP regroupant les P/P réalisés dans le cadre des partenariats publics-privés.

- *Portefeuille de projets structurants*

Le portefeuille de P/P structurants regroupe les programmes ou projets dont le résultat a un impact direct sur la croissance et la réduction de la pauvreté. Ce sont les P/P de grande envergure ayant un effet d'entrainement sur d'autres secteurs économiques. Ces P/P se distinguent : (i) des programmes ou projets institutionnels, c'est-à-dire, des P/P visant à améliorer le fonctionnement de l'administration publique. Exemples : la construction des édifices à usage de bureau ; la réhabilitation et l'aménagement des édifices ; la sécurisation du patrimoine ; l'équipement des services, etc. ou (ii) des programmes ou projets qui se rapportent aux missions régaliennes d'une institution donnée. Exemple : projet de construction des écoles primaires/salles de classe

- *Noyau dur de projets ou programmes*

Le noyau dur des investissements du PND correspond à un paquet de projets sélectionnés comme « hyper prioritaires » en ce qu'ils sont porteurs de la stratégie (ou des stratégies) définie dans le Plan. C'est ce noyau dur d'investissement qui devra mobiliser l'essentiel des moyens en expertise, en études de faisabilité, en études d'impact sur le milieu et en évaluation des charges récurrentes. C'est dire qu'il faudra s'assurer en priorité, de la maturation de ce paquet de projets.

- *Blocs de programmation*

Les blocs de programmation regroupent le bloc central des programmes ou projets et le bloc optionnel. Le bloc central constitué de P/P sélectionnés en fonction de leur capacité contributive aux résultats stratégiques du PND. Il s'agit de projets jugés irréductibles dans le sens où, ils doivent être réalisés quelle que soit la conjoncture. À ce bloc, est attachée une enveloppe financière correspondant aux ressources certaines du Plan. Le bloc optionnel est constitué de P/P de priorité moindre que ceux du bloc central et qui font l'objet d'un traitement différencié en fonction des disponibilités financières. Ce système a l'avantage de garantir un niveau minimum de réalisation du Plan, en s'assurant que l'essentiel sera préservé en cas de conjoncture défavorable ou de non-réponse des bailleurs de fonds sollicités.

<u>Encadré</u> 19 : Le PNI, produit d'un processus participatif itératif

Le Programme National d'Investissement (PNI) est le produit d'un processus participatif ayant impliqué aux différents stades de son élaboration, les ministères et autres institutions républicaines qui sont les porteurs de projets ou programmes d'investissements.

Démarré depuis fin mars 2017 (cf. atelier de programmation des 28, 29 et 30 mars), ce processus a permis, sous la tutelle technique de la Direction Nationale des Investissements Publics (DNIP) du MPCI, de recenser initialement, auprès des BSD des ministères et des services compétents des autres institutions, plus de 500 projets ou programmes prioritaires au regard du PNDES.

Les P/P recensés ainsi que les informations qui les accompagnent ont servi à constituer, sous Excel, la version provisoire d'une Base de Données des Projets d'Investissements du PNDES (BDPI) autour de trois (3) catégories de champs : (i) les champs de base (ministères et autres institutions porteurs de P/P, intitulés du P/P et zones d'intervention) ; (ii) les champs financiers (coûts indicatifs du P/P en GNF et en USD, la/les sources de financement pressenties et le statut du financement) ; et (iii) les champs analytiques (état d'avancement, disponibilité de documents, ordre de priorité, potentiel d'impact et degré de maturité).

En plus d'être participatif, le processus est aussi itératif. C'est ainsi que la version provisoire de la BDPI a été soumise aux ministères/institutions (cf. atelier de finalisation du PNI des 16, 17 et 18 août 2017) qui l'ont amendée et validée, faisant passer ainsi le nombre de projets ou programmes du PNDES à 675.

Par la suite, et pour s'assurer de la cohérence des P/P du PNI avec le Plan, des champs supplémentaires ont été ajoutés à la BDPI. Il s'agit des champs relatifs au pilier, objectif stratégique, domaine prioritaire et effet de rattachement du projet/programme du PNI ainsi que ses références dans le document du Plan.

Au regard des besoins d'exploitation de la BDPI notamment, l'inscription au PIP et la recherche de financement, les P/P ont été catégorisés en portefeuilles moyennant des critères objectifs définis et adoptés de façon consensuelle par les différentes parties prenantes (MPCI & ministères sectoriels). Le PNI est ainsi catégorisé en trois portefeuilles, à savoir : (i) un portefeuille actif ; (ii) un portefeuille des projets phares ; et (iii) un portefeuille de réserve. Cette catégorisation est aussi valable aussi bien pour l'ensemble des P/P du PNI que pour les P/P des ministères/institutions pris individuellement.

5.2. Travaux analytiques sur la GIP

Une meilleure gestion des investissements publics était au cœur des priorités gouvernementales au moment où j'accédais aux responsabilités de Ministre en charge de l'élaboration, du suivi et de l'évaluation du PIP. À cette fin, il a fallu conduire des travaux analytiques pour cerner les faiblesses du système de GIP dans la perspective d'un renforcement des capacités.

Ces travaux ont consisté en : (i) la réalisation d'un état des lieux de la GIP ; complétée par (ii) l'évaluation des dépenses d'investissement suivant la méthodologie *PIMA* (Public Investment Management Assessment). Les constats résultant de ces travaux ont servi à tirer des conclusions suffisamment objectives sur les forces et faiblesses de la GIP, permettant d'ouvrir des portes d'entrée pour le renforcement des capacités dans le domaine.

5.2.1. État des lieux de la GIP

Réalisé en 2016, cet état des lieux révèle une baisse tendancielle des investissements sur la période allant de 1990 à 2014, tout en identifiant les principaux facteurs explicatifs de cette situation.

5.2.1.1. Baisse tendancielle des investissements publics

Au cours de la période 1990-2014, le taux d'investissement de la Guinée a été inférieur à 20 %. Ce taux a fortement baissé à partir de 2005, pour se situer à une moyenne de 14,5 % entre 2010 et 2014, contre un taux moyen de 20,9 % en Afrique subsaharienne. Comparé au taux moyen d'investissements des pays à revenu intermédiaire[16] (supérieur à 25 %), le niveau

[16] La comparaison entre le taux d'investissement de la Guinée et celui des pays à revenu intermédiaire donne une idée sur l'effort à faire par le pays en matière d'investissements pour garantir un niveau de revenu moyennement élevé par habitant.

d'investissement de la Guinée est largement inférieur au niveau requis pour exploiter ses énormes potentialités et assurer des revenus élevés aux populations.

Graphique 1. Taux d'investissement des secteurs privé et public en Guinée, 1990-2014

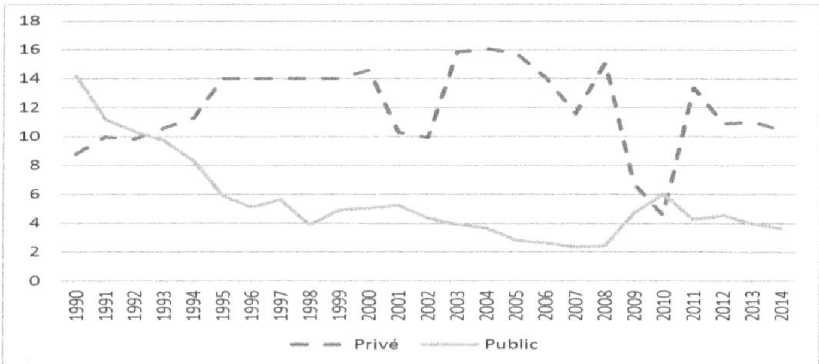

Source : Banque Mondiale : World development indicators 2016.

Le faible niveau des investissements en Guinée est principalement imputable à la forte baisse des investissements publics au cours des 25 dernières années (cf. graphique 1). Partant d'une valeur moyenne de 10,7 % en 1990-1994, les investissements publics ont fortement baissé pour représenter en moyenne 3,5 % du PIB sur la période 2005-2010, avant de connaitre un léger rebond pour atteindre 4,1 % du PIB sur la période 2011-2014.

En définitive, au cours de la période 1995-2014, le taux moyen d'investissement du secteur public a été de 4,2 %. Ce qui signifie qu'au cours des deux décennies ayant précédé, ma prise de fonction, l'État guinéen n'a pas suffisamment investi pour la construction de nouvelles infrastructures et pour l'entretien de l'existant. Ce qui expliquerait le déficit et la faible qualité du capital physique dans des secteurs clés tels que ceux de l'électricité, de l''eau, des transports et des télécommunications.

5.2.1.2. Facteurs explicatifs de la baisse des investissements publics

La baisse tendancielle du taux d'investissement public est à mettre en rapport avec les faiblesses du système de gestion des investissements publics (GIP).

Une première faiblesse du GIP tient aux capacités limitées en matière de sélection et de préparation des projets. Non seulement les ministères sectoriels n'arrivent pas assurer le respect des critères uniformes de sélection et de gestion de leur portefeuille de projet, mais en plus, la coordination de tout le processus de préparation est diluée entre plusieurs intervenants dont le ministère en charge des finances, le ministère en charge du Plan et l'ACGPMP (Administration et Contrôle des Grands Projets et des Marchés Publics) une agence gouvernementale. Une situation qui est source d'inefficacité aux étapes clés du cycle de préparation des projets.

Une deuxième faiblesse du GIP tient à la budgétisation inadéquate des coûts récurrents des projets en l'absence d'un système fiable de financement à long terme précisant la manière dont les ressources nécessaires seront générées, allouées et gérées. La mise en place d'un tel système requiert de rendre disponibles ces ressources en évaluant exactement l'impact budgétaire à long terme des projets.

Une troisième faiblesse du GIP tient aux taux d'exécution relativement bas de l'investissement public. Au cours de la période 2010 – 2014, les taux d'exécution des budgets d'investissement sont en moyenne de 51,3 % pour les investissements financés par le Budget national de développement (BND) et de 39 % pour les financements extérieurs (Finex)[17].

Plusieurs raisons expliquent cette situation : (i) un démarrage tardif des procédures d'engagement des dépenses ; (ii) des

17 Banque Mondiale, 2016. Guinée : Stimuler l'exécution du budget d'investissement pour un meilleur impact sur le développement

retards dans la préparation et la finalisation des plans prévisionnels annuels de passation des marchés ; (iii) l'élaboration tardive des dossiers d'appel à la concurrence, (iv) des délais anormalement longs du processus de passation des marchés (le délai global moyen de passation des marchés est de respectivement 176 jours et 182 jours pour les appels d'offres nationaux et les appels d'offres internationaux) ; (v) l'absence d'un système intégré d'information partagé par tous les acteurs de la commande publique ; (vi) des délais de paiements relativement longs ; ils sont de plus de 33 jours à la phase administrative de la dépenses et de plus de 27 jours à la phase comptable ; (vii) la faiblesse ou l'absence des évaluations technique et financière des projets au moment de leur inscription au PIP ou au budget ; et (viii) l'instauration de demande d'autorisation préalable à l'engagement de chaque dépense d'investissement, une restriction à la déconcentration de la gestion des crédits d'investissement.

5.2.2. Évaluation de la GIP selon PIMA

Pour compléter cet état des lieux, j'ai sollicité et obtenu du FMI, la réalisation en 2018, d'une évaluation du GIP suivant la méthodologie PIMA. De cette évaluation, il ressort que plusieurs contraintes affectent l'efficacité du système de gestion des investissements publics en Guinée.

5.2.2.1. Fortes fluctuations de l'investissement public

Il y a d'abord les fortes fluctuations de l'investissement public de la Guinée au cours de décennie, avec un taux variant entre un maximum de 10 % (en 2015) et un minimum de 4,7 % du PIB (en 2011). Une volatilité qui nuit à la bonne programmation des dépenses en capital ainsi qu'aux objectifs de réduction de la pauvreté. De plus, le taux d'exécution de l'investissement public en Guinée est faible. Entre 2010 et 2015, les taux d'exécution moyens étaient de 42,7 % et de 51 % pour les investissements financés par des fonds externes ou nationaux. Enfin, selon l'indice PIMI global, le score de la Guinée se situe à 1,13 et le pays occupe le 53e rang sur 71 pays, ce qui le place en dessous de la performance moyenne des pays africains subsahariens (ASS), de la CEDEAO et des pays à faibles revenus.

5.2.2.2. Contraintes spécifiques à la programmation et à la budgétisation

Il y a ensuite les contraintes à la programmation et à la budgétisation des investissements publics, dont les facteurs explicatifs sont, entre autres : (i) un cadrage macro-budgétaire inadéquat dû, pour le CBMT, à des méthodologies de prévision obsolètes et des données statistiques insuffisantes, et pour le CDMT, à des démarches au niveau des ministères dépensiers, qui n'assurent pas la prise en compte des priorités sectorielles ; (ii) des crédits budgétaires insuffisants qui ne garantissent pas le financement des projets sur toute leur durée de vie ; (iii) de faibles capacités de réalisation d'études de faisabilité affectant la qualité du PIP avec une forte proportion de projet sans maturité ; et (iv) un double processus budgétaire, l'un pour les dépenses courantes et l'autre pour les dépenses en capital ce qui se traduit par des coûts récurrents imprévus considérables.

5.2.2.3. Contraintes spécifiques au système lui-même

Il y a enfin des contraintes qui sont propres au système de gestion des finances publiques, au nombre desquelles : (i) un manque de collaboration des ministères techniques, ce qui se traduit par une mauvaise coordination dans la programmation et la budgétisation des dépenses en capital ; (ii) un projet de budget qui ne reflète pas les dépenses récurrentes associées aux investissements de capitaux actuels ; (iii) des retards et une mauvaise coordination de la préparation des marchés publics et des plans de trésorerie; (iv) la complexité et la lourdeur de la chaîne des dépenses pour les investissements publics; et (v) une solution informatique pour l'exécution du budget qui n'est pas encore décentralisée au niveau des ministères techniques et qui, par ailleurs, doit être mise en conformité avec la LORLF et le RGGBCP.

5.2.3. Principales conclusions des travaux analytiques

L'état des lieux dressé en 2016 et d'évaluation PIMA réalisée en 2018 ont tous les deux (2) conclu à des dysfonctionnements systémiques de la gestion des investissements publics en Guinée. Ces conclusions reposent sur les appréciations ci-après :

Appréciations 1 : Les dysfonctionnements de la GIP en Guinée sont systémiques dans la mesure où ils sont complexes et récurrents. Ils ont été, pour la plupart, mis en évidence dans la quasi-totalité des évaluations réalisées au cours des six (6) dernières années.[18] Ils concernent à la fois : (i) des intervenants multiples, insuffisamment coordonnés et résistants aux changements ; (ii) des arrangements institutionnels inopérants qui consacrent le travail en silo ; et (iii) un déficit d'expertise dans les fonctions en amont et en aval des opérations d'investissement, notamment les fonctions de préinvestissement et de post-investissement.

Appréciations 2 : Les pratiques actuelles sont obsolètes et reposent sur : (i) une conception étroite de la GIP accordant, peu ou pas de place à la maturation des projets (identification, étude de faisabilité, formulation, évaluation ex ante, sélection et priorisation), au suivi d'exécution, à l'évaluation ex post, et à la gestion des actifs ; (ii) des méthodes routinières en matière de programmation et de budgétisation, sources d'inefficience dans la mise en œuvre des PIP ; (iii) l'inexistence de cadres programmatiques (politique, stratégie et plans opérationnels) à

[18] Les mêmes dysfonctionnements ont été relevés dans les études ci-après : (i) Banque mondiale, 2014. Guinée Revue des dépenses publiques (PER) ; (ii) Banque mondiale, 2016. Guinée : Stimuler l'exécution du budget d'investissement pour un meilleur impact sur le développement ; et (iii) FMI, 2018. Rapport sur la performance de la Gestion des Finances Publiques (PEFA).

jour, dans la plupart des secteurs ; et (iv) un soutien informatique, le SIGPIP, centré essentiellement sur le processus budgétaire autour du PIP, et d'existence récente.

Appréciations 3 : La GIP en Guinée est bien encadrée par des lois et règlements. Toutefois, leur application reste limitée. En outre, le cadre règlementaire en vigueur est incomplet et les textes qui le constituent sont disparates. Les dispositions du RGGBCP prévues pour être mises en œuvre à partir de 2017, ne sont toujours pas appliquées. Comme corollaire, les processus techniques de GIP ayant cours sont en décalage par rapport aux innovations de la LORF. En particulier, la démarche de performance n'est pas encore effective, retardant ainsi l'utilisation des Projets Annuels de Performance (PAP) et des Rapports Annuels de Performance (RAP) comme outils de suivi de la performance conformément à la loi.

Appréciations 4 : La collaboration entre les structures déconcentrées du plan et du développement, et les services compétents de l'administration communale n'est pas formellement établie, faute d'une division claire du travail entre le MPDE et le ministère en charge de la décentralisation. Il en résulte que la programmation des investissements publics au niveau local est totalement déconnectée du processus classique d'élaboration du PIP, au niveau central, donnant de facto, un rôle de premier plan à l'Agence Nationale de Financements des Collectivités Locales (ANAFIC), au détriment des structures compétentes du MPDE (Direction Nationale des Investissements Publics, Inspections Régionales, Directions Préfectorales). Le corollaire est que le PIP est incomplet en termes de prise en compte de tous les projets publics.

5.3. Renforcement des capacités en GIP

Pour remédier aux dysfonctionnements systémiques mis en évidence par l'état des lieux et l'évaluation ci-dessus, j'ai engagé et mis en œuvre les réformes ci-après : (i) le recentrage institutionnel de la GIP ; (ii) la mise en place du Système Intégré de Gestion du PIP (SIGPIP) ; (iii) le développement d'outils de GIP ; et (iv) l'élaboration et la mise en œuvre d'un programme pluriannuel de formation.

5.3.1. Recentrage institutionnel de la GIP.

Les réformes d'ordre institutionnel que j'ai engagées ont été présentées dans la première partie du manuel. Le lecteur pourra s'y référer. Il notera cependant, que la raison d'être de ce retour ces réformes, est de les remettre leur contexte originel.

Ainsi, les mesures d'ordre institutionnel mentionnées ou rappelées ici, ont été mises en œuvre en réponse aux dysfonctionnements systémiques identifiés ci-dessus. Au nombre de ces mesures, il est à noter :

- la clarification des compétences respectives, du Ministère du Plan et de la Coopération internationale (MPCI), du Ministère du Budget (MB) et du Ministère de l'Économie et des Finances (MEF), en matière d'élaboration, d'exécution, de contrôle administratif et de suivi évaluation du PIP ; et
- la création par décret d'une structure de planification au niveau de chaque ministère sectoriel dénommée Bureau de Stratégie et de Développement (BSD) dont l'une des attributions est d'assurer la préparation, la programmation, le contrôle et le suivi de l'exécution des projets sectoriels d'investissements.

De plus, la cohérence du système de gestion du PIP a été rétablie à travers la fusion et l'intégration dans l'organisation du MPCI du 20 avril 2016, des deux ex-Directions en charge des investissements publics qui relevaient auparavant respectivement du Département du Plan et de celui des Finances. Comme souligné plus haut, cette mesure a été déjà évoquée et développée dans la première partie du manuel.

5.3.2. Mise en place du SIGPIP

Le SIGPIP est aussi, l'une des solutions apportées aux dysfonctionnements systémiques de la GIP en Guinée. Il a été mis en place grâce à un appui technique et financier de la Banque Africaine de Développement (BAD) et du Programme des Nations Unies pour le Développement (PNUD).

5.3.2.1. SIGPIP *versus* Plateforme

Le « SIGPIP » désigne le cadre de travail virtuel regroupant les acteurs à différents niveaux de l'Administration publique, habilités à utiliser les modules, règles, processus et procédures de la Plateforme, pour la gestion des projets du PIP.

Développée à l'aide des technologies de pointe de l'information et de la communication, la Plateforme désigne l'application informatique sécurisée et flexible, adossée au SIGPIP, destinée à la programmation, la budgétisation, le suivi et l'évaluation des projets du PIP.

Sur le plan fonctionnel, la plateforme est une application modulable comprenant quatre (4) modules : le module 1 « gestion administrative » ; le module 2 « programmation du PIP » ; le module 3 « gestion de la mise en œuvre » ; et le module 4 « suivi et évaluation ».

5.3.2.2. Objet de la Plateforme

Conçue en interface avec le système de gestion budgétaire et de la dette, la Plateforme est, à la fois : (i) une base de données sur la performance du Programme d'Investissements Publics (PIP) ; et (ii) un outil de rapportage et d'aide à la décision en matière de GIP.

Cette Plateforme permet d'assurer la transparence et l'efficacité dans la programmation, l'exécution et le suivi-évaluation des investissements publics. Elle permet également la dématérialisation de la gestion des investissements publics et l'instauration d'un cadre de concertation permanent et consolidé avec les PTF autour des rapports issus de l'analyse des données sorties du système.

5.3.2.3. Dispositions institutionnelles

Une division spécifique (D-SIGPIP) placée sous l'autorité du Secrétaire Général du ministère, a été créée au sein du département. Sa mission est d'assurer le bon fonctionnement du SIGPIP ainsi que l'intégrité des informations nécessaires à une bonne GIP.

Encadré 20 : Attributions de la D-SIGPIP

La D-SIGPIP est particulièrement chargée :

- de gérer les droits d'accès à la Plateforme, en fonction des habilitations des utilisateurs ;
- d'organiser en réseau, dans une perspective de déconcentration de la Plateforme, les utilisateurs à différents niveaux du SIGPIP ;
- de gérer les interfaces du SIGPIP avec les applications informatiques existant en matière de gestion de Finances publiques ;
- de veiller à l'appropriation par les utilisateurs, des différents modules fonctionnels de la Plateforme, ainsi qu'au respect des règles, processus et procédures sous-jacents ;
- de valider en dernier ressort, les saisies de données, les flux d'informations et les transferts de documents sur la Plateforme ;
- de fournir en temps réel des informations sur la maturation des projets du Programme National d'Investissement (PNI) ainsi que sur l'état d'exécution physique et financière du Programme d'Investissements Publics (PIP) ;
- de mettre en place un référentiel unique favorisant une gestion cohérente des données de base (codification, libellé des objectifs stratégiques du PNDES, des ODD, PTF, etc.) en collaboration avec les structures concernées de la chaîne Planification, Programmation, Budgétisation, Suivi et Évaluation ;
- de suivre et de participer aux différentes étapes des processus d'élaboration et de validation du PIP ;
- de mettre à la disposition des organes compétents du Dispositif Institutionnel de Suivi et d'Évaluation (DISE), toutes les informations sur l'exécution des projets d'investissements publics, nécessaires pour les revues du PNDES ;
- de contribuer à l'élaboration des documents de performance suivants : les rapports périodiques sur l'exécution du PIP et le document annuel de programmation du PNDES ; et

- de contribuer à l'élaboration des stratégies nationales et régionales de développement.

5.3.2.4. Volet formation du SIGPIP

Pour permettre l'appropriation du SIGPIP, une priorité a été accordée à formation des cadres de la chaine Planification, Programmation, Budgétisation, Suivi et Évaluation (PPBSE). Il s'agit précisément des responsables des projets, des cadres des Unités de Gestion des Projets, des cadres des directions techniques et des responsables des Bureaux de Stratégies et de Développements (BSD) des Ministères sectoriels et du Ministère du Plan.

Ce sont les guides didactiques élaborés en 5 volumes pour faciliter l'utilisation de la plateforme qui ont servi de supports à cette formation. Il s'agit du

- Volume 1 : Guide de l'utilisateur
- Volume 2 : Fiche-projet
- Volume 3 : Passation de marché et exécution budgétaire
- Volume 4 : Format rapport de supervision
- Volume 5 : Tableau de bord des projets

5.3.3. Développement d'outils de GIP

Dans la recherche des solutions efficaces et durables aux dysfonctionnements systémiques de la GIP, j'ai pu mobiliser auprès de la Banque Mondiale, des ressources pour financer le projet d'Assistance Technique et du Renforcement des Capacités pour la Gouvernance Économique (EGTACB).

L'un des volets de ce projet a permis le recrutement d'une firme internationale pour fournir une assistance technique pour le renforcement des capacités de gestion des investissements publics tant au niveau central (du Ministère en charge du Plan) qu'au niveau sectoriel (les ministères sectoriels).

Les objectifs assignés à l'assistance technique étaient de trois (3) ordres :

- Renforcer les capacités de la Direction Nationale des Investissements Publics (DNIP) en matière d'élaboration et de suivi de l'exécution du PIP ;
- Renforcer les capacités des BSD des ministères en matière d'élaboration et de suivi de l'exécution du PIP de leur secteur respectif ;
- Renforcer les capacités des cadres des ministères pilotes dans la conduite des études de faisabilité y compris la fixation des coûts standards pour certains types d'infrastructures.

Il est attendu de cette assistance technique le développement des outils de GIP suivants :

- Le manuel de GIP ;
- Le guide de maturation des projets d'investissement public ;
- Le guide de conduite des études de faisabilité des projets publics ; et
- Le manuel de suivi et d'évaluation (S & E) des projets publics.

5.3.3.1. Description du manuel de GIP

Le manuel de GIP a été conçu pour servir comme : (i) un référentiel pour la gestion des investissements publics, considérée dans une perspective plus globale et intégrée ; (ii) un document-cadre du système national de GIP ; et (iii) un support didactique à l'intention de tous les acteurs impliqués dans la gestion des investissements publics.

En tant que référentiel, le manuel s'attache à mettre à la disposition des utilisateurs, des indications leur permettant d'améliorer leur compréhension de la GIP à travers ses principales fonctions, sa double dimension institutionnelle et technique, et ses interrelations avec la gestion axée sur les résultats (GAR) et le système national de planification.

La conception du manuel comme un document-cadre, est fondée sur la considération suivant laquelle, la complexité et la persistance des dysfonctionnements en matière de GIP, appellent à formaliser le système de gestion des investissements publics (cf. encadré ci-dessous). Cette formalisation doit être concrétisée par un document-cadre qui servira de base, dans une deuxième étape, au moyen d'un texte approprié, à codifier les interactions entre différents intervenants, ainsi qu'à stabiliser et documenter les processus.

<u>Encadré</u> 21 : Sous-systèmes de GIP

Le manuel préconise un système de GIP pour la Guinée, organisé autour d'un cadre légal, règlementaire et institutionnel, et quatre (4) sous-systèmes techniques à savoir (i) le sous-système de préinvestissement ; (ii) le sous-système d'affectation de ressources aux projets ; (iii) le sous-système des opérations d'investissement ; (iv) le sous-système de post-investissement, et d'un (iv) sous-système transversal à savoir le sous-système d'information.

- ***Sous-système de préinvestissement***

Le sous-système de préinvestissement comprend l'ensemble des arrangements institutionnels et techniques en matière de maturation de projets (identification, formulation, évaluation ex ante, sélection, priorisation) et d'approbation des projets d'investissement devant bénéficier d'affectation de ressources dans le cadre des processus budgétaires. Il est articulé autour de trois (3) processus techniques : (a) l'identification des projets ; (b) la formulation des projets, incluant l'évaluation ex ante, la sélection et la priorisation des projets ; et (c) la mobilisation des financements extérieurs.

- ***Sous-système d'affectation des ressources***

Le sous-système d'affectation de ressources aux projets est l'ensemble des arrangements institutionnels et techniques permettant l'élaboration du Programme d'Investissement Public et du Budget National de Développement (BND). Il est articulé autour de deux (2) processus techniques : (i) la programmation pluriannuelle des dépenses d'investissements ; et (ii) la budgétisation des projets.

- ***Sous-système des opérations d'investissement***

Les opérations d'investissements consistent en la mise en œuvre des projets d'investissement. Cette phase comprend généralement les étapes suivantes :(i) Programmation et budgétisation (Plan de travail et budget annuel (PTBA) ; (ii) Mise en œuvre (Élaboration du plan de passation de marché (PPM), Élaboration du plan d'engagement des dépenses (PED), Élaboration du plan annuel de trésorerie (PT), Élaboration du plan de gestion des ressources humaines (PGRH), etc.) ; (iii) Réalisation, si nécessaire, des études complémentaires en début du projet (Ex. établissement de la ligne de base, études techniques détaillées, etc.) ; (iv) Exécution du plan de travail, suivi et contrôle de la mise en œuvre du projet et des résultats intermédiaires; et (v) Réalisation des évaluations en cours de projet (Ex. évaluation à mi-parcours, évaluation finale, etc.).

- ***Sous-système de post-investissement***

Une fois le projet d'investissement terminé, l'actif produit est rétrocédé à la structure qui a la responsabilité de le mettre en valeur. Le sous-système post-investissement concerne spécifiquement la gestion des actifs, l'évaluation ex post du projet d'investissement et l'analyse de niveau de satisfaction des utilisateurs/bénéficiaires.

En pratique, ce processus comprend généralement les étapes suivantes : (i) Élaboration d'un plan de travail et budget annuels de fonctionnement et d'opération de l'actif ; (ii) Élaboration d'un plan de maintenance des actifs ;(iii) Élaboration d'un plan annuel de passation de marché ; (iv) Élaboration d'un plan annuel de trésorerie et des besoins en ressources financières ; (v) Suivi du fonctionnement et de la performance de l'actif pendant sa durée de vie ; (vi) Suivi de la maintenance des infrastructures (rapports de supervision, rapports de suivi et rapports annuels de performance) ; (vii) Réalisation d'enquêtes de satisfaction auprès des bénéficiaires ; et (viii) Évaluation de l'impact de l'actif (ex post) pour tirer les leçons apprises lors de la conception et de la mise en œuvre des projets au profit des projets futurs.

- ***Sous-système d'information***

Un système intégré de GIP devrait idéalement permettre de gérer sous la forme d'un « workflow », l'ensemble des processus des quatre grandes phases de l'investissement public, à savoir le préinvestissement, l'affectation des ressources, les opérations d'investissement et le post-investissement.

Comme support didactique, le manuel apporte des solutions durables à l'hétérogénéité des méthodes et des techniques, en posant les bases pour développer, à travers les guides/manuels spécifiques, des outils standardisés en matière de maturation, d'études de faisabilité, de suivi d'exécution et d'évaluation ex post des projets d'investissements publics.

C'est pour parvenir à ce format de manuel que l'option choisie a consisté en une double démarche : l'une conceptuelle et l'autre normative. La démarche conceptuelle conduit à la définition des concepts clés de la GIP pour permettre aux utilisateurs d'en avoir une compréhension commune, et d'être en capacité de les utiliser à bon escient. La démarche normative prend appui sur le cadre légal, règlementaire et institutionnel actuel de la Guinée pour préconiser, à l'aune des bonnes pratiques en la matière, des lignes directrices pour améliorer l'exercice des différentes fonctions de la GIP.

5.3.3.2. Description du guide de maturation des projets publics

Le guide de maturation des projets d'investissement public vient compléter le manuel de GIP. Il présente une démarche par étape de maturation des projets, ainsi que les outils du cycle de maturation des projets. Il se veut une référence pour les cadres et agents intervenants dans le domaine de la GIP et constitue également une base pour la formation des parties prenantes impliquées dans l'identification, la formulation, l'évaluation ex ante, la sélection et la priorisation des projets d'investissement public en vue de la préparation du Programme National d'Investissement (PNI).

L'objectif global de ce guide est de présenter une démarche structurée et des outils permettant de renforcer les processus de maturation des projets d'investissement public. Il ne s'agit pas d'un guide théorique, mais plutôt d'un document qui présente étape par étape, des outils standardisés pour opérationnaliser les processus, allant de l'identification des projets d'investissement public à leur priorisation et à leur inscription au PNI.

<u>Encadré</u> 22 : Notion de maturation de projet

La maturation d'un projet d'investissement est le processus au cours duquel une idée de projet évolue vers un document de projet ayant été évalué (évaluation ex ante) et dûment validé. Généralement, pour la plupart des organisations, la maturation d'un projet comprend l'ensemble des étapes qui précèdent son financement et sa mise en œuvre.

Un projet mature sera celui qui vérifie tous les critères exigés par le gouvernement en matière de maturation de projets. Au terme de ce processus, le projet sera prêt à être soit soumis à un bailleur de fonds, soit programmé ou budgétisé dans des conditions garantissant l'absence de difficultés prévisibles, et dont les impacts attendus à l'issue de sa mise en œuvre sont positifs. Les étapes et les critères de maturation peuvent varier d'un pays à un autre ou d'une institution à une autre. En Guinée, un projet sera considéré mature lorsqu'il aura franchi l'ensemble des étapes et satisfait aux critères retenus dans ce Guide.

5.3.3.3. Description du guide de conduite des études de faisabilité

Ce guide est l'un des outils développés par le MdP pour renforcer la maturation des projets d'investissement public et plus largement, la performance du système national de gestion des investissements publics en Guinée. Il complète ainsi, le manuel de gestion des investissements publics, le guide de maturation des projets d'investissement et le manuel de suivi-évaluation des projets de développement et d'investissement.

Le guide vise à clarifier les étapes et les méthodes à suivre pour une bonne planification et mise en œuvre d'une étude de faisabilité des projets d'investissement public selon les règles de l'art. Il est basé sur les meilleures pratiques en matière de conduite d'études de faisabilité de projets. Sa finalité est d'aider les parties prenantes impliquées dans la gestion du cycle des projets, à maitriser les processus et les outils permettant de réaliser des études de faisabilité utiles à la prise de décision.

En termes de contenu, ce guide est organisé autour des points suivants :

- le cycle des projets d'investissement public ;
- le rôle des études de faisabilités dans le cadre de la maturation des projets ;
- le cadre légal, règlementaire et institutionnel encadrant l'investissement public et les études de faisabilité en Guinée ;
- les principaux types et outils d'analyses d'une étude de faisabilité ;
- les processus de réalisation d'une étude de faisabilité ; et

- le contenu type d'une étude de faisabilité.

5.3.3.4. Description du manuel de suivi et d'évaluation des projets publics

Ce manuel définit les contours et les outils du système de S & E des projets d'investissement public en Guinée. Il est basé sur les meilleures pratiques en matière de S & E des projets. Sa finalité est d'aider le gouvernement à instaurer une culture de résultats, de transparence, de responsabilité et de gestion, fondée sur des indicateurs de performance et des résultats mesurables.

En termes de contenu, ce guide est organisé autour des points suivants :

- un diagnostic du système de S & E actuel en Guinée ;
- les concepts, les principes et les fonctions d'un système de S & E des projets performant ;
- la revue du cadre légal, règlementaire et institutionnel du système de S & E actuel ;
- le cadre global d'opérationnalisation du S & E des projets publics ;
- les étapes, les composantes et les approches en matière de S & E des projets publics ;
- les rôles et les responsabilités des parties prenantes impliquées dans le S & E ; et
- les outils opérationnels pour mettre en œuvre le S & E des projets d'investissement public en Guinée.

Le manuel propose en outre, une approche qui peut s'appliquer au suivi et à l'évaluation de tous les projets d'investissement public ou de développement, qu'ils soient gérés par les ministères, les institutions, les structures décentralisées, les sociétés d'états ou toute autre agence d'exécution de projets. Il s'adresse donc à l'ensemble des parties prenantes impliquées de près ou de loin dans le cycle de gestion des projets.

Le manuel de suivi-évaluation est un document de référence complémentaire permettant de renforcer les capacités, d'améliorer les pratiques et les processus en matière de suivi-évaluation, et de consolider le système de S & E en Guinée.

5.3.3.5. Plan pluriannuel de formation

Le plan pluriannuel de formation a été élaboré de sorte à combler le déficit de capacités requises pour résoudre les dysfonctionnements systémiques du pays en matière de GIP. Dans le développement qui suit, ce plan est présenté à travers : ses finalités, les modules de formation qui le composent, avec un accent particulier sur la réalisation d'un des volets de ce plan à savoir : la formation des formateurs.

5.3.3.6. Finalité du plan pluriannuel

Le plan pluriannuel de formation a pour finalités : (i) d'améliorer les connaissances des bénéficiaires en matière de GIP ; (ii) développer leurs compétences et leur maîtrise de nouveaux outils de gestion des investissements publics ; et partant (iii) contribuer à améliorer la performance de l'administration dans la gestion du développement et plus spécifiquement, dans la GIP.

Sa mise en œuvre devrait ainsi permettre de faire acquérir aux différents bénéficiaires, les compétences indispensables à l'exercice des fonctions de GIP regroupées dans les quatre sous-systèmes que sont : (i) le préinvestissement ; (ii) l'affectation des ressources ; (iii) les opérations d'investissements ; et (iv) le post-investissement.

5.3.3.7. Modules de formations

Le plan de formation est organisé autour de 27 modules regroupés en six (6) domaines que sont : (i) la gestion axée sur les résultats et la performance dans le secteur public ; (ii) la gestion de projet de développement d'investissement public ; (iii) la programmation et budgétisation pluriannuelle et annuelle ; (iv) la gestion des finances publiques ; (v) le suivi d'exécution et suivi des résultats de projets de développement ; et (vi) les thèmes transversaux de gestion publique.

Modules de formation du plan pluriannuel

Domaine 1 : Gestion axée sur les résultats et la performance dans le secteur public

Module 1.1	Études prospectives
Module 1.2	Planification stratégique nationale et sectorielle, et cadre de mesure de la performance
Module 1.3	Élaboration de politiques sectorielles
Module 1.4	Suivi des stratégies et des politiques publiques
Module 1.5	Leadership et gestion du changement dans le secteur public

Domaine 2 : Gestion de projets de développement et d'investissement public

Module 2.1	Conception et évaluation ex-ante des projets
Module 2.2	Principes et outils de la gestion opérationnelles des projets
Module 2.3	Gestion stratégique des programmes et des projets (Approche programme)
Module 2.4	Exécution Budgétaire — Chaîne de la dépense publique rationnalisée
Module 2.5	Outils informatiques de gestion du cycle des projets

Domaine 3 : Programmation et budgétisation pluriannuelle et annuelle

Module 3.1	Programmation et budgétisation pluriannuelles
Module 3.2	Programmation et budgétisation annuelles
Module 3.3	Outils informatiques de programmation et de budgétisation axées sur les résultats

Domaine 4 : Gestion des finances publiques

Module 4.1	Planification stratégique et budgétisation
Module 4.2	Outils de diagnostic et gestion des réformes des finances publiques
Module 4.3	Contrôle et audit des finances publiques

Domaine 5 : Suivi d'exécution et suivi des résultats des projets de développement

Module 5.1	Suivi d'exécution et des résultats des projets de développement
Module 5.2	Gestion des évaluations des projets de développement
Module 5.3	Rapportage sur l'avancement et la performance des projets
Module 5.4	Outils informatiques pour le suivi d'exécution et des résultats

Modules de formation du plan pluriannuel
Domaine 6 : Autres thèmes transversaux directement reliés à la gestion publique

Module 6.1	Analyse avantages-coûts (financière et économique) de projets
Module 6.2	Analyse multicritères et analyse coût-efficacité de projets sociaux
Module 6.3	Gestion des acquisitions et administration des contrats
Module 6.4	Identification, montage et exécution de contrats en PPP
Module 6.5	Contrôle et audit de performance des projets de développement
Module 6.6	Objectifs, indicateurs et analyse des ODD
Module 6.7	Outils informatiques de bureautique (Word, Excel, Internet, PwP, etc.)

5.3.3.8. Formation des formateurs

Dans le cadre de la mise en œuvre du plan pluriannuel, une formation de 40 formateurs nationaux avait été organisée, en juin 2021. L'objectif est de disposer d'un pool de formateurs en gestion des investissements publics.

De façon spécifique cette formation a permis d'améliorer les compétences pédagogiques des formateurs dans :

- la maitrise du cadre réglementaire de la GIP ;
- la gestion des projets d'investissement public dans le contexte de la GAR ;
- la maitrise des outils de programmation et budgétisation pluriannuelle en Autorisation d'Engagement (AE) et Crédit de Paiement (CP) ;
- la maitrise des méthodes et outils de l'évaluation ex ante et de priorisation des projets ;
- l'identification et la maturation des projets d'investissements publics ;
- l'analyse avantage-coût (analyse économique et financière) des projets ;
- la conduite d'une étude de faisabilité de projets d'investissement public ;

- la maitrise du cadre générique de suivi-évaluation ; et
- l'identification, de sélection et de validation des indicateurs de performance.

6. Mobilisation de ressources extérieures

L'une des caractéristiques structurelles de l'économie guinéenne, est le déficit d'épargne pour couvrir les besoins d'investissement. Ainsi, faute de ressources extérieures suffisantes, le pays n'a pas la capacité nécessaire pour financer ses priorités telles que reflétées dans son plan de développement, ses programmes et projets d'investissement.

Dans ce contexte, la question du financement du développement, revêtait une importance capitale dans l'exercice de mes fonctions de ministre en charge du plan. Sans la recherche et la mobilisation des ressources extérieures, le cycle de gestion du développement n'était pas bouclé, et les documents de programmation restaient « lettre morte ».

C'est pourquoi, à la suite de l'adoption du PNDES 2016-2020, j'ai pris l'initiative d'organiser, une réunion de Groupe Consultatif (GC) destiné à mobiliser les ressources extérieures pour le financement des projets prioritaires inscrits au PNI. Le succès de cet événement fut tel, qu'il mérite d'être mentionné dans le présent ouvrage, comme une bonne pratique à capitaliser.

Cette partie du présent manuel est articulée autour des points ci-après : (i) les principaux résultats du Groupe Consultatif sur le PNDES 2016-2020 ; (ii) le concept de GC ; (iii) la nécessité d'une politique nationale de coopération internationale.

6.1. Groupe consultatif sur le PNDES 2016-2020 : principaux résultats

L'évaluation indépendante du PNDES 2016-2020 a mis en exergue la tenue du Groupe Consultatif de Paris de novembre

2017, comme l'une des bonnes pratiques ayant marqué la gestion du développement au cours de la période visée.

Cette section s'articule autour de deux points essentiellement : (i) le rappel des annonces du Groupe Consultatif de Paris ; et (ii) l'état de mobilisation de concrétisation desdites annonces à fin décembre 2020.

6.1.1. Rappel des annonces du Groupe Consultatif

Le Groupe consultatif organisé à Paris en novembre 2017, pour le financement du PNDES 2016-2020, a permis à la Guinée d'enregistrer des annonces de contributions de 21,73 milliards de dollars des États-Unis (dollars EU), soit deux fois et demie, le PIB du pays en 2016 (8,5 milliards dollars EU). Ces promesses ont largement dépassé les attentes de départ des autorités évaluées à 4,5 milliards dollars EU.

Tableau 1 : Répartition des annonces de Paris par bailleur

Bailleurs	Montant	Taux
Secteur Public	**13 983 373 121**	**64,35 %**
* Multilatéraux	6 914 142 521	49,45 %
* Bilatéraux	7 069 230 600	50,55 %
Secteur Privé	7 747 200 000	**35,65 %**
Total Général	**21 730 573 121**	**100,00 %**

Les annonces sont réparties (cf. tableau 1) entre les projets et programmes du secteur public à hauteur de 13,98 milliards ; et du secteur privé, dans le domaine des mines et de l'énergie, pour 7,75 milliards dollars EU. Elles se répartissent entre partenaires financiers : (i) multilatéraux, à hauteur de 6,91 milliards dollars EU ; (ii) bilatéraux, 7,07 milliards et investisseurs privés, 7,75 milliards. Ces montants prennent en compte le solde des financements antérieurs au 31 décembre 2015, ainsi que les fonds mobilisés durant les deux premières années du PNDES, 2016 et 2017.

Au titre des multilatéraux, les apports les plus élevés ont été annoncés à Paris par la Banque mondiale (1,6 milliard de dollars EU), l'Afreximbank (1,5 milliard), la Banque Islamique de développement (1,4 milliard), la Banque Africaine de Développement (1,0 milliard) et l'Union européenne (471 millions). Du côté des bilatéraux, il convient de mentionner : la Chine avec une enveloppe exceptionnelle de 6 milliards de dollars, l'Agence française de Développement (avec 590 millions de dollars), et le Fonds Saoudien de Développement avec 250 millions.

<u>Encadré</u> 23 : Extrait du communiqué final du Groupe Consultatif sur le PNDES

« Du 16 au 17 novembre 2017, s'est tenue à la Chesnaie du Roy au Parc Floral de Paris, la Réunion du Groupe Consultatif sur le Plan National de Développement Économique et Social (PNDES) 2016-2020 de la Guinée [...].

La réunion a été organisée par le Gouvernement de la République de Guinée en collaboration avec la Banque Mondiale. Ont participé à cette réunion, les partenaires bilatéraux, les institutions et agences de financement du développement, les organisations non gouvernementales (ONG) internationales opérant en Guinée, ainsi que des opérateurs privés nationaux et internationaux [...].

Les différents intervenants ont unanimement salué la vision du Gouvernement et la pertinence du PNDES et encouragé le Gouvernement à poursuivre le programme des réformes visant la transformation structurelle de l'économie guinéenne [...].

Des annonces de contributions au financement du PNDES s'élevant à environ 21 milliards de dollars américains ont été enregistrées. Ce résultat démontre l'appui inconditionnel de l'ensemble de la communauté internationale, à travers les partenaires au développement bilatéraux, multilatéraux et des investisseurs privés, à l'atteinte des objectifs de développement de la Guinée [...].

En marge des travaux de la première journée de la Réunion, une cérémonie de signature de deux conventions de financement de 69 millions de dollars américains, a eu lieu entre la Banque Islamique de Développement et la Guinée

Les partenaires ont unanimement apprécié la qualité de l'organisation de la Réunion et des documents présentés et se sont félicités des nouvelles perspectives de développement économique et social qui s'ouvrent pour la Guinée.

Les partenaires ont souligné par ailleurs, les défis majeurs que le Gouvernement doit relever, à savoir le renforcement de la gouvernance et de l'État de droit, le renforcement des capacités de l'administration publique, la poursuite de l'amélioration du climat des affaires.

En outre, le Gouvernement et ses partenaires ont convenu, sur la base du principe de la responsabilité mutuelle, de poursuivre les discussions engagées à la présente Réunion du Groupe Consultatif, dans le cadre du dispositif institutionnel de suivi et d'évaluation de la mise en œuvre du PNDES, créé à cet effet [...]. »

6.1.2. État de mobilisation des annonces du GC

Au terme de l'année 2020, et selon les informations collectées auprès des services techniques nationaux ou auprès des bailleurs de fonds, le total des montants des accords de financements signés pour les cinq années du PNDES 2016-2020, s'élève à 13 542,7 millions de dollars EU, représentant 62,3 % des annonces de Paris dont 6 577,2 millions pour le secteur privé, soit 84,9 % des promesses des investisseurs et 6 965,5 millions pour le secteur public, soit 49,8 % des annonces. La répartition annuelle de la mobilisation se présente ainsi qu'il suit :

Tableau 2 : Mobilisation des fonds sur la période 2016-2020, en millions dollars EU

Secteur public ou privé	Promesses	Part	Solde au 1er/01/2016	Montants signés par an					Total 2016-2020		
				2016	2017	2018	2019	2020	Montants	Part	Taux
Secteur Public	13 983,4	64,3 %	249,3	583,5	798,0	2 686,4	1 694,9	953,5	6 965,5	51,4 %	49,8 %
* Multilatéraux	6 914,2	49,4 %	249,3	485,0	727,9	774,0	759,8	787,0	3 783,1	54,3 %	54,7 %
* Bilatéraux	7 069,2	50,6 %	0,0	98,4	70,1	1 912,3	935,1	166,5	3 182,5	45,7 %	45,0 %
Secteur Privé	7 747,2	35,7 %	0,0	924,8	1 124,3	2 027,8	1 674,5	825,8	6 577,2	48,6 %	84,9 %
Total Général	**21 730,6**	**100,0 %**	**249,3**	**1 508,3**	**1 922,3**	**4 714,2**	**3 369,4**	**1 779,3**	**13 542,7**	**100,0 %**	**62,3 %**
Part Annuelle	-	-	1,8 %	11,1 %	14,2 %	34,8 %	24,9 %	13,1 %	100,0 %	-	-

Les deux années 2018 et 2019 ont connu la mobilisation la plus importante avec respectivement 35,5 % et 25,3 % de l'enveloppe totale. Le montant élevé des fonds mobilisés en 2018 reflète la célérité avec laquelle les partenaires ont concrétisé leurs annonces. L'ensemble des conventions de financement signées en 2018, s'élève à 2,686 milliards de dollars contre 583,4 millions en 2016 et 798 millions en 2017. Pour 2019, le rythme a baissé d'environ 900 millions USD pour descendre à 1,695 milliard mais la chute est plus significative en 2020 avec seulement 953,5 millions dollars mobilisés. Ce ralentissement du rythme de mobilisation observé en 2019, tient essentiellement, à la faible capacité d'absorption.

En dépit des mesures d'allègement des procédures, la mise en vigueur des accords de financement, de mise en place des unités de gestion, d'acquisition des biens et services, restent toujours un handicap majeur pour une mise en œuvre diligente des projets. Alors que du côté des bailleurs de fonds, une fois que les ressources sont mises à disposition, la règle pour de nouvelles mobilisations, obéit au rythme de consommation des ressources financières déjà engagées et au comportement du portefeuille de projets.

Avec les bailleurs traditionnels de la Guinée, le Gouvernement a pu, durant les cinq années du PNDES, faire aboutir et signer des conventions de financement avec : (i) les bailleurs multilatéraux pour une enveloppe totale de 3 783,1 millions dollars soit 54,3 % de leurs promesses ; et (ii) avec les partenaires bilatéraux un montant global de 3 182,5 millions dollars soit 45,7 %.

Le niveau de concrétisation est assez appréciable pour certains donateurs multilatéraux tels que la Banque Mondiale avec 1,34 milliard dollars (83,7 % des promesses), la Société Financière Internationale avec 179,3 millions (89,6 % des promesses) et l'Union européenne avec 432,7 millions (91,9 % des promesses) ; ce taux monte à 124,9 % avec la prise en compte des appuis de la Banque Européenne d'Investissement.

Le Fonds Monétaire International a plus que doublé son apport par rapport à sa promesse de de 170 millions (208,7 %). La Banque Africaine de Développement, la Banque Islamique de Développement, la Banque Arabe pour le Développement Économique de l'Afrique et le Fonds de l'OPEP pour le Développement International ont signé des conventions pour des enveloppes variant entre 41 et 45 % de leurs promesses.

Pour les bilatéraux, l'Agence Française de développement arrive en tête du classement avec une concrétisation des promesses à hauteur de 80,5 %, avec 475 millions dollars. Le Fonds Koweitien de Développement et la Chine ont réalisé un peu moins de la moitié de leurs engagements de Paris.

Pour le secteur privé, l'essentiel des investissements[19] a été réalisé dans le secteur des mines. Les investissements sous forme de PPP concernent de nouveaux projets ou bien des extensions de projets existants. Ils ont pu favoriser une production record de bauxite avec des exportations de plus de 70 millions de tonnes en 2019, la création de plus de 15 000 emplois directs et 50 000 emplois indirects.

Le graphique 2 ci-dessous la part des mobilisations annuelles pour le secteur public avec les partenaires au développement multilatéraux et bilatéraux et les investisseurs du secteur privé.

---

[19] L'absence de suivi-rapproché et d'une méthode appropriée de comptabilisation de tous les investissements effectifs réalisés sur le terrain par les différentes sociétés minières rend la répartition par année difficile.

Graphique 2 : Mobilisation de ressources relativement aux promesses de Paris

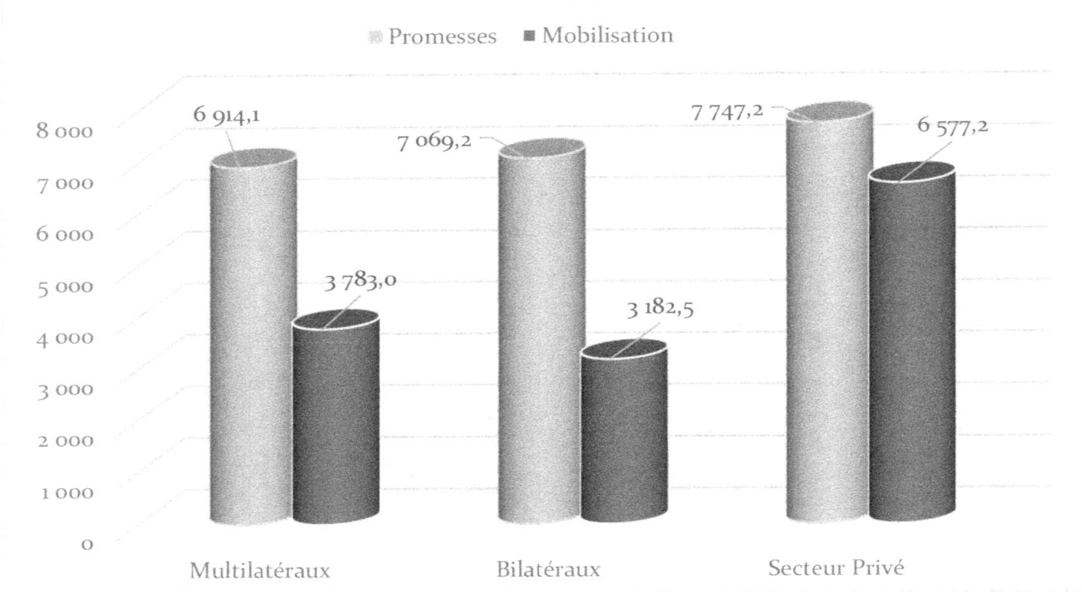

6.2. CONCEPTS DE GROUPE CONSULTATIF

Trois points sont développés dans cette section : (i) l'approche du GC sur le PNDES 2016-2020 ; (ii) le concept de GC : sa genèse et ses évolutions ; et (iii) Groupe Consultatif *versus* Table Ronde. Cette structuration se veut à la fois pratique et théorique : pratique en mettant l'accent sur l'approche suivie pour l'organisation de la réunion de GC de novembre 2017 ; et théorique, en remontant à l'origine du concept tout en retraçant sa dynamique en lien avec le concept de Table Ronde des bailleurs de fonds.

6.2.1. Approche du GC sur le PNDES 2016-2020

L'approche suivie pour la réunion du GC sur le PNDES 2016-2020, reposait sur : (i) un concept et des attentes ; (ii) un format de réunion ; (iii) un cadre institutionnel ; et (iv) des activités préparatoires.

6.2.1.1. Concept et attentes du GC

- *Concept de GC*

En 2017, les autorités guinéennes concevaient la réunion du GC comme un cadre de dialogue de haut niveau entre le Gouvernement et ses bailleurs de fonds, sur les politiques, stratégies et programmes nationaux de développement, dans un but de mobilisation de ressources financières et de promotion de partenariats stratégiques mutuellement avantageux.

Il s'agissait par-là, de prolonger et de renforcer l'approche inclusive suivie par les autorités pour élaborer le PNDES, et à laquelle, les PTF représentés en Guinée, ont été intimement associés, à travers différentes concertations avec le Gouvernement et diverses contributions au contenu actuel du Plan. Ainsi pour les autorités, la présente réunion du Groupe

Consultatif, apparaît comme l'aboutissement logique du processus d'élaboration du PNDES.

- *Objectifs, résultats attendus et options stratégiques attachées au GC*

En organisant la réunion du GC, le Gouvernement poursuivait les objectifs suivants : (i) présenter aux bailleurs de fonds, la vision de la Guinée d'ici à 2040, et les politiques de développement qui doivent y conduire sur la période 2016-2020 ; (ii) obtenir l'adhésion de ces bailleurs, sur les stratégies globales qui sous-tendent ses politiques, et aux orientations programmatiques qui permettront de les concrétiser ; et (iii) convenir avec eux, des modalités pratiques de prise en charge du gap de ressources financières nécessaires à la mise en œuvre du programme national d'investissement adossé au PNDES (PNI).

De façon spécifique, les autorités attendaient de cette réunion, les résultats ci-après : (i) le renforcement du dialogue sur les politiques de développement entre la Guinée et ses partenaires au développement publics et privés ; (ii) l'adhésion des bailleurs de fonds à la Vision Guinée 2040 et leur engagement à aligner leurs interventions sur les priorités nationales telles définies dans le PNDES 2016-2020 ; (iii) des annonces de contributions pour combler le gap de financement du PNI/PNDES ; et (iv) la mise en place d'un cadre de suivi des engagements financiers du GC, intégré au dispositif institutionnel de suivi et d'évaluation du PNDES.

Les options stratégiques qui sous-tendent l'atteinte de ces résultats sont celles définies dans le PNDES en matière de financement et de coopération pour le développement, et qui sont articulées autour de : (i) la recherche de nouvelles formes de partenariat entre acteurs publics et privés, y compris les Guinéens de l'étranger ; (ii) l'instauration d'un dialogue fécond et durable avec les PTF traditionnels ; (iii) le rétablissement de la coopération avec les pays scandinaves, et les pays de l'ancien « Bloc de l'Est » ; (iv) le développement de nouveaux partenariats au niveau des pays du Sud-Est asiatique, d'Amérique Latine et de la Péninsule Arabique. En lien avec ces options, l'intention du Gouvernement est de faire de la RGC une plateforme internationale pour poser les jalons d'un partenariat de type nouveau au profit du développement de la Guinée.

6.2.1.2. Format de la réunion du GC

En conformité avec le concept de GC, il est entendu par format de la réunion : (i) le focus général, sectoriel ou thématique de ladite réunion ; (ii) le niveau de représentativité des participants ; et (iii) le contenu et la présentation de la documentation mise à la disposition des bailleurs de fonds.

- *Focus général versus focus sectoriel ou thématique*

Le focus général d'une réunion de GC consiste en des sessions plénières de discussions d'ordre général. Les focus sectoriels ou thématiques sont centrés sur des discussions spécifiques autour d'un ou de plusieurs secteurs/thèmes. Ces focus peuvent prendre la forme de sessions parallèles inscrites à l'agenda du GC. En définitive, le choix d'un format de réunion de GC relève de la décision des autorités et des résultats qu'elles en attendent.

- *Niveau de représentativité*

La RGC étant une rencontre de haut niveau, les participants devraient avoir un profil correspondant. Ainsi, pourraient être invités à y prendre part :

- au plan national :
  - o les hautes autorités de l'État ou du Gouvernement (Président de la République et/ou Premier ministre) ;
  - o les ministres en charge du plan, des finances, du budget, des affaires étrangères, de l'administration du territoire, de la justice ;
  - o les ministres en charge des secteurs prioritaires (infrastructures de transports, agriculture, mines, énergie, santé, éducation, etc.) ;
  - o des directeurs généraux d'organismes publics ;

- o des hauts fonctionnaires de l'administration ;
- o les présidents des organisations représentatives du secteur privé ;
- o des investisseurs privés nationaux ;
- o la diaspora guinéenne ;
- au plan international, des représentants de rang décisionnel :
- o des pays de coopération bilatérale,
- o des agences de coopération multilatérale ;
- o des institutions financières régionales ou internationales ;
- o des organisations d'intégration sous régionale ou régionale ;
- o des investisseurs privés internationaux ;
- o des ONG internationales ;
- o des fonds souverains ;
- o des personnes-ressources.

- *Documentation*

Dans un exercice de groupe consultatif, la documentation revêt une grande importance. De son contenu et de sa présentation dépendent la qualité des discussions et le succès de l'exercice. C'est pourquoi, une attention particulière est accordée, à : (i) la liste et la nature des documents à soumettre ; (ii) la qualité de l'édition de ces documents ; (iii) leur traduction dans les principales langues des bailleurs de fonds invités ; et (iv) leur packaging sous une identité visuelle, préalablement conçue.

La documentation requise pour le GC sur le PNDES 2016-2020, comprenait quatre (4) catégories de documents :

- Catégorie 1 : les documents de base (français-anglais), constitué de :
- o le narratif du Groupe Consultatif
- o le profil-pays ;
- o le condensé du PNDES ;

- les fiches synoptiques des projets phares du PNDES.
- Catégorie 2 : les documents supports en français, constitués de :
  - le rapport général de l'Étude Nationale Prospective (ENP) – Guinée Vision 2040
  - le document du PNDES ;
- Catégorie 3 : les documents sectoriels ou thématiques :
  - le cadre stratégique du secteur (objectifs de développement à moyen terme et orientations stratégiques en lien avec le PNDES) ;
  - le CDMT (si applicable) ou le cadre financier et/ou budgétaire du secteur (en lien avec le cadrage macroéconomique ou le cadrage budgétaire à moyen terme) ;
  - la liste des projets prioritaires.
- Catégorie 4 : les documents information :
  - la note conceptuelle du GC ;
  - le projet d'agenda de la réunion de GC ;
  - la liste des participants ; et
  - le répertoire des adresses et contacts clés.

6.2.1.3. Cadre institutionnel d'organisation du GC

Le cadre institutionnel d'organisation du GC est constitué d'un Comité de Pilotage (CoPil) et d'un Comité technique préparatoire appuyé par une équipe technique créé au sein du Ministère du Plan, pour servir de relais entre le département et le Comité technique.

- *Comité de Pilotage (CoPil)*

Le Comité de Pilotage (CoPil) prend en charge toutes les activités devant concourir à la tenue de la RGC. Le CoPil a été mis en place par un arrêté du Premier ministre, Chef du Gouvernement. De façon spécifique, le CoPil s'est chargé de la coordination des différentes étapes de l'organisation du GC. C'est dans ce cadre, qu'il a adopté la note conceptuelle et la feuille de route du processus de préparation tout en veillant à leur exécution dans les délais impartis.

Le CoPil est présidé par le Premier ministre et composé : (i) du Ministre d'État chargé des Investissements et des Partenariats Public-Privé ; (ii) des Ministres (Plan, Affaires Étrangères, Économie et Finances, Budget, Agriculture, Énergie et Hydraulique, Environnement, Eaux et Forêts, Industrie, PME et Secteur Privé) ; (iii) de Conseillers (de la Présidence de la République et de la Primature) ; (iv) de l'Administrateur Général de l'Administration et Contrôle des Grands Projets et des Marchés Publics ; (v) du Directeur Général de l'Agence pour la Promotion des Investissements Privés ; et (vi) de Représentants des PTF (Union européenne, Banque Mondiale, Banque Africaine de Développement, Banque Islamique de Développement et PNUD). Le CoPil se réunit deux (2) fois par mois ou sur convocation de son Président.

- *Comité technique préparatoire*

Entre deux sessions du CoPil, le suivi des préparatifs de la réunion du GC est assuré par un Comité technique créé par un arrêté du Ministre en charge du Plan et placé sous la présidence d'un Conseiller du Président de la République. Le Comité Technique est composé des représentants des institutions (Présidence, Primature et Ministères) et des PTF membres du CoPil. Le Comité technique se réunit une fois toutes les semaines.

6.2.1.4. Activités préparatoires à la tenue de la réunion du GC

Les activités préparatoires devant conduire à la réunion du GC pourraient être classées en quatre (4) catégories : (i) les activités techniques ; (ii) les activités de visibilité/communication ; (iii) les activités organisationnelles ; (iv) la contractualisation des prestataires ; et (v) les missions de sensibilisation.

- *Activités techniques.* Elles concernent :

- la mise au point de la documentation (documents analytiques, documents supports et documents d'information) ;
- l'élaboration de supports techniques pour les missions de prospection/sensibilisation et de lobbying ;
- la préparation des projets de discours ;
- la proposition des thèmes à discuter lors des sessions de la réunion du GC ; et
- la préparation des supports PowerPoint des présentations.

- *Activités de visibilité/communication.* Elles portent sur :

- l'élaboration et la mise en place d'une stratégie de visibilité et de communication ;
- le suivi de l'édition et du packaging de la documentation ;
- la conception et l'animation d'un site web dédié au Groupe Consultatif ; et
- la prise en charge du volet « visibilité/communication » des missions de prospection/sensibilisation et de lobbying.

- *Activités organisationnelles.* Elles sont relatives à :

- la mise en place du CoPil ;
- la finalisation de la feuille de route ;
- l'élaboration de la liste des participants ;
- l'élaboration du projet d'agenda ;
- l'organisation des missions de prospection/sensibilisation et de lobbying ; et
- la mise en place des dispositions logistiques.

- *Contractualisation des prestataires.*

Il est envisagé d'externaliser certaines prestations sous-jacentes aux activités préparatoires pour des raisons de célérité et d'exigence de qualité des produits attendus. Il en est ainsi : (i) de l'élaboration des documents analytiques ; (ii) l'appui à l'équipe technique en charge des préparatifs du GC ; (iii) de la communication en appui au GC ; et (iv) l'édition, la traduction et la livraison des documents. À cet effet, il est fait recours, respectivement à un bureau d'études, à un consultant international, à une agence de communication et à des prestataires pour la mise en forme des documents.

- *Missions de sensibilisation*

Pour la réussite du GC, la mobilisation des partenaires au développement est une activité de grande portée stratégique et politique. Quatre groupes de partenaires sont ciblés dans ce cadre :

- groupe 1 : les institutions financières internationales, les pays arabes, le Canada et le Mexique ;
- groupe 2 : les nouveaux partenaires bilatéraux ;
- groupe 3 : les fonds souverains et les pays émergents ; et
- groupe 4 : les autres partenaires y compris les banques privées, les fondations et le secteur privé international.

Pour couvrir ces quatre groupes de partenaires, des missions de mobilisation/sensibilisation conduites par des ministres ou conseillers du Président de la République) ont été organisées. Ces missions avaient pour objectifs de faire le plaidoyer en faveur du PNDES au niveau politique, diplomatique et technique et ce afin d'assurer la mobilisation des gaps de financements pour sa mise en œuvre.

Il s'agissait donc en substance, de missions de plaidoyer qui requerraient une préparation stratégique, taillée sur mesure aux particularités (politiques d'aide publique au développement, secteurs de concentration, modes d'intervention, etc.), des nouveaux partenaires que la Guinée souhaite mobiliser.

6.2.2. Groupe Consultatif : rôles, genèse et évolution

Ce section est consacrée : (i) aux rôles d'un Groupe Consultatif ; et (ii) à sa genèse et à son évolution.

6.2.2.1. Rôles du Groupe Consultatif

Un groupe consultatif est un mécanisme de coordination, d'expertise technique et de conseils stratégiques à un pays donné, portant sur son programme de développement. Son objectif principal est de contribuer à la réalisation des objectifs de développement du pays et à la promotion d'une croissance économique inclusive et durable.

Un groupe consultatif est généralement composé de représentants des gouvernements, des organisations internationales, des institutions financières et d'autres parties prenantes clés, impliquées dans le développement du pays.

Le rôle principal d'un tel groupe consultatif est de fournir des conseils et des recommandations sur les politiques, les stratégies et les programmes de développement du pays. Il peut aider à identifier les défis et les opportunités liés à la mise en œuvre du programme de développement national et proposer des solutions pour les surmonter.

Le groupe consultatif peut également jouer un rôle dans la mobilisation de financements pour le programme de développement du pays. Il peut aider à identifier les sources de financement potentielles, à faciliter le dialogue avec les bailleurs de fonds et à formuler des recommandations pour maximiser l'efficacité et l'impact des ressources mobilisées.

En outre, le groupe consultatif peut contribuer à renforcer la coordination entre les différents acteurs impliqués dans le développement du pays, y compris les ministères, les agences de développement, la société civile et le secteur privé. Il favorise le partage d'expériences, les bonnes pratiques et les leçons apprises, afin d'améliorer la mise en œuvre du programme de développement et d'optimiser les résultats obtenus.

6.2.2.2. Genèse et évolution du Groupe Consultatif

Les groupes consultatifs sur les pays en développement ont émergé en réponse à la nécessité de coordonner les efforts de développement et de mobiliser des ressources pour soutenir les pays en développement. C'était dans un contexte de regain d'attention sur l'efficacité de l'aide au développement. Les bailleurs de fonds ont en effet, réalisé qu'ils devaient travailler de manière plus concertée pour éviter les chevauchements, les incohérences et les duplications des efforts, et pour s'assurer que les ressources étaient allouées de manière efficiente et alignées sur les priorités nationales.

Par la suite, à ce besoin de coordination s'est greffée la nécessité d'une approche axée sur les pays. Au lieu de mettre l'accent sur des projets isolés, cette approche reconnaît que le développement est un processus complexe et multidimensionnel qui requiert une vision globale et une prise en compte des spécificités nationales. Les groupes consultatifs sur les pays ont été créés ainsi, pour soutenir cette approche et fournir un cadre de coordination et de conseil pour les efforts de développement au niveau national.

Par la suite, les groupes consultatifs ont évolué pour prendre en compte les besoins de dialogue plus étroit, d'alignement et d'harmonisation exprimés par les pays en développement. La réponse à cette demande s'est traduite par la participation active des pays partenaires dans la définition des politiques et des stratégies de développement dans un cadre de coopération plus adéquat.

Les institutions multilatérales, telles que la Banque mondiale et le Fonds monétaire international (FMI), ont également joué un rôle important dans la genèse des groupes consultatifs sur les pays. Ces institutions ont accumulé une expertise considérable dans le domaine du développement et ont été impliquées dans la coordination des ressources et des politiques de développement à l'échelle mondiale. Leurs expériences ont contribué à la conception et à la mise en place des groupes consultatifs sur les pays. C'est à ce titre, que jusqu'à présent, les groupes consultatifs sont soutenus et organisés sous l'égide de la Banque mondiale.

6.2.2.3. Groupe Consultatif versus Table Ronde des Bailleurs de fonds

Un groupe consultatif et une table ronde des bailleurs de fonds sont deux mécanismes de coordination et de conseil utilisés dans le contexte de la mobilisation de financements pour le développement. Dans leur conception de départ, ils diffèrent sur les points suivants : (i) leur composition ; (ii) leurs objectifs ; (iii) leur portée ; et (iv) le chef de file.

Du point de vue de la composition, un groupe consultatif comprend généralement des représentants des pays membres, des organisations internationales, des institutions financières et des acteurs de la société civile. Il a une composition plus large et diversifiée, ce qui permet d'inclure un éventail plus large de perspectives et de parties prenantes. En revanche, une table ronde des bailleurs de fonds est principalement constituée de bailleurs de fonds, c'est-à-dire des gouvernements et des institutions qui fournissent des financements pour le développement.

En termes d'objectifs, le groupe consultatif vise à fournir des conseils stratégiques et des orientations sur les politiques et les opérations liées au développement, y compris la mobilisation de financements. Il examine les défis et les opportunités et formule des recommandations pour améliorer l'efficacité et l'impact des ressources mobilisées. En revanche, une table ronde des bailleurs de fonds a pour objectif de faciliter la coordination des bailleurs de fonds et de favoriser le dialogue entre eux, afin de s'assurer que les ressources sont allouées de manière efficace et cohérente.

Il importe de souligner que groupe consultatif a une portée plus large et peut traiter de questions liées au développement économique et social dans leur ensemble. Il peut également examiner des questions transversales telles que la gouvernance, l'inclusion sociale et l'environnement. En revanche, une table ronde des bailleurs de fonds se concentre principalement sur les aspects financiers de la mobilisation des ressources, tels que la coordination des engagements financiers et la gestion des fonds.

Les deux mécanismes diffèrent par ailleurs, par leur chef de file. Si les groupes consultatifs sont placés sous l'égide de la Banque Mondiale, les tables rondes sont conduites par le PNUD. Cette différence tient à une division du travail entre les deux institutions en lien avec leur mandat et aux évolutions dans les paradigmes de développement. C'est ainsi que les groupes consultatifs sous l'égide de la Banque Mondiale, ont connu un regain d'intérêt pendant la décennie des programmes d'ajustement structurel. Tandis qu'au même moment les tables rondes perdaient de leur attrait pour n'être réservés exclusivement qu'aux pays les moins avancés. Par la suite, cette distinction groupes consultatifs versus tables rondes tend à être gommés à l'aune des principes de la Déclaration de Paris que sont : (i) l'appropriation nationale ; (ii) l'alignement ; (iii) l'harmonisation ; (iv) la gestion axée sur les résultats ; et (v) la responsabilité mutuelle.

6.3. NÉCESSITÉ D'UNE POLITIQUE DE COOPÉRATION INTERNATIONALE

Les besoins pressants de ressources extérieures pour combler les gaps de financement de leurs projets d'investissement, amènent les pays en développement à recourir soit à des groupes consultatifs, soit à des tables rondes.

Le caractère ad hoc de ces mécanismes et leur défaut d'ancrage stratégique reposant sur une politique de coopération internationale bien définie, limitent leur impact sur le montant des ressources mobilisées, leur affectation et sur les progrès socio-économiques de ces pays.

Pour remédier à cet état de choses, le présent manuel préconise l'adoption d'une véritable politique nationale de coopération internationale, dont l'un des piliers stratégiques serait la mobilisation des ressources. Outre, les généralités sur la coopération internationale, cette section met l'accent sur les grandes lignes d'une politique de coopération internationale.

6.3.1. Généralités sur la coopération internationale

Ce paragraphe apporte de réponses aux questions suivantes : (i) qu'entend-on par coopération internationale ; et (ii) quels sont les différents types de coopération internationale ?

6.3.1.1. Qu'entend-on par coopération internationale ?

La coopération internationale fait référence à tous les types de relations entre pays développés et pays en développement, visant à relever ensemble, les défis mondiaux tels que la pauvreté, les changements climatiques, la sécurité alimentaire, les pandémies, les migrations, les inégalités, les droits de l'homme, les conflits, et le développement économique et social.

Elle implique le dialogue et le partenariat entre les gouvernements, les organisations internationales, les institutions financières, les acteurs non- étatiques et les individus, afin de promouvoir la paix, la sécurité, la gouvernance mondiale, le développement durable et le bien-être des populations, tout en œuvrant à la réduction des disparités entre pays.

Elle favorise également l'échange de connaissances, de technologies, de ressources financières et humaines, et la coordination des politiques nationales dans une perspective d'efficacité et de durabilité.

La coopération internationale est guidée par des principes tels que l'égalité, la solidarité, la responsabilité partagée, le respect de la souveraineté nationale. Elle repose en outre, sur le multilatéralisme, principe suivant lequel les problèmes mondiaux nécessitent des solutions concertées et une action collective, plutôt que des approches isolées des États.

6.3.1.2. Quels sont les différents types de coopération internationale ?

Il est important pour un pays de diversifier ses partenariats en cherchant des synergies entre différents types de coopération afin de répondre efficacement à ses besoins de développement.

- *Coopération bilatérale*

À l'échelle d'une nation, des accords de coopération bilatérale peuvent être établis avec d'autres pays. Cela implique la mise en place de partenariats directs avec ces pays pour promouvoir le développement économique, social et politique. La coopération bilatérale peut inclure des échanges commerciaux, des investissements, des transferts de technologie, des programmes d'aide et de développement, et des partenariats dans divers domaines.

- *Coopération multilatérale*

Il s'agit de la coopération d'un pays avec plusieurs pays et organisations internationales. Ce type de coopération inclut la participation à des organisations régionales ou internationales telles que la CEDEAO, l'Union africaine, les Nations Unies, la Banque mondiale, le Fonds monétaire international, l'Organisation mondiale du commerce, etc. La coopération multilatérale permet à un pays de bénéficier de ressources, de connaissances et d'expertise supplémentaires.

- *Coopération Sud-Sud*

Un pays comme la Guinée peut également chercher à renforcer sa coopération avec d'autres pays en développement dans le cadre de la coopération Sud-Sud. Cela implique des partenariats entre pays du Sud pour partager des expériences, des bonnes pratiques et des ressources afin de promouvoir le développement mutuel. La coopération Sud-Sud peut inclure des échanges de connaissances, des transferts de technologie, des programmes de formation, des investissements et des collaborations dans divers domaines.

- *Coopération triangulaire*

Ce type de coopération fait référence une approche dans laquelle deux pays ou organisations travaillent ensemble pour soutenir un troisième pays ou région. Cette forme de coopération vise à renforcer les capacités et à promouvoir le développement d'un pays ou d'une région spécifique en mobilisant des ressources et des expertises complémentaires. La coopération triangulaire peut inclure des domaines tels que l'aide au développement, le commerce, la sécurité, l'éducation, la santé, l'environnement, etc.

- *Coopération avec le secteur privé*

Ce type de partenariat inclut des partenariats avec des entreprises internationales pour attirer les investissements, développer les infrastructures, promouvoir le commerce, et soutenir le développement économique. La coopération avec le secteur privé peut contribuer à la création d'emplois, au transfert de compétences et à la promotion de l'innovation.

- *Coopération avec la société civile*

La société civile peut jouer un rôle important dans la promotion de la démocratie, des droits de l'homme, du développement durable et de la participation citoyenne. La coopération avec la société civile peut inclure des partenariats pour la mise en œuvre de projets et de programmes, le renforcement des capacités, la promotion de la transparence et de la redevabilité, et la sensibilisation du public.

- *Grandes lignes d'une politique de coopération internationale*

Cette partie du manuel s'articule autour des points ci-après : (i) les principes et valeurs devant guider la politique de coopération internationale ; (iii) les engagements internationaux sur lesquels cette politique doit s'aligner ; (iv) les piliers stratégiques de la politique de coopération internationale ; (v) les instruments de cette politique ; et (vi) ses modalités de suivi et d'évaluation. Ces différents points sont autant d'indications qui pourraient être suivies dans la formulation et la révision de la politique de coopération internationale de la Guinée.

6.3.1.3. Principes et valeurs devant guider la politique

Les principes et valeurs de la politique de coopération internationale fournissent un cadre normatif pour guider les politiques et les pratiques de coopération contribuant ainsi, à une coopération mutuellement bénéfique et durable. Ces éléments doivent être intégrés de manière transversale dans toutes les actions de coopération internationale de la Guinée.

- *Souveraineté de l'État*

La politique de coopération internationale doit être définie de sorte à faire respecter la souveraineté et l'indépendance de la Guinée. Cela signifie que tout partenaire doit reconnaître le droit du pays à adopter ses propres politiques de développement, à prendre des décisions souveraines et à participer pleinement aux processus de coopération internationale, et ce, dans le respect mutuel et l'égalité des partenaires.

- *Solidarité et responsabilité partagée*

La politique de coopération internationale doit être guidée par le principe de solidarité et de responsabilité partagée. Cela implique de reconnaître les inégalités et les déséquilibres mondiaux et de travailler ensemble pour les réduire. Les pays en développement comme la Guinée, doivent être soutenus dans leurs efforts pour surmonter les défis liés au développement, et les pays développés doivent assumer leur responsabilité en contribuant de manière significative à la coopération internationale et en respectant leurs engagements en matière d'aide au développement.

- *Dignité humaine et droits de l'homme*

La politique de coopération internationale doit promouvoir la dignité humaine, le respect des droits de l'homme et la réalisation des droits fondamentaux pour tous. Cela implique de veiller à ce que les projets et les programmes de coopération respectent les normes internationales en matière de droits de l'homme, d'égalité des sexes, de non-discrimination et de participation citoyenne. La coopération internationale doit contribuer à renforcer les capacités des pays en développement à promouvoir et à protéger les droits de l'homme de tous leurs citoyens.

- *Durabilité et respect de l'environnement*

La politique de coopération internationale doit intégrer les principes de durabilité environnementale et de préservation des ressources naturelles. Cela signifie de promouvoir des pratiques de développement durable, réduire les émissions de carbone, prévenir la dégradation de l'environnement et atténuer les effets du changement climatique. La coopération internationale doit soutenir les pays en développement dans leur transition vers une économie verte, résiliente et respectueuse de l'environnement.

- *Transparence et redevabilité*

La politique de coopération internationale doit être fondée sur la transparence, la responsabilité et la bonne gouvernance. Cela implique de garantir la transparence dans l'utilisation des ressources financières et matérielles mobilisées, de favoriser la participation citoyenne et la consultation des parties prenantes, et de mettre en place des mécanismes de redevabilité pour évaluer l'efficacité et l'impact des projets de coopération. Le pays donataire a ainsi l'obligation de rendre compte des résultats de ces actions de développement, aux bénéficiaires et aux bailleurs de fonds.

6.3.1.4. Engagements internationaux à prendre en compte dans la politique

Dans la formulation de sa politique de coopération internationale, il est important de prendre en compte les engagements internationaux souscrits par le pays. Ces engagements sont généralement reflétés dans les accords, les conventions, les déclarations et les objectifs internationaux, dont les principaux sont détaillés ci-dessous.

- *Objectifs de développement durable (ODD)*

Adoptés par les Nations Unies en 2015, les ODD, sont un ensemble de 17 objectifs visant à éliminer la pauvreté, à promouvoir la prospérité économique, à protéger l'environnement et à garantir le bien-être pour tous. Les pays en développement doivent aligner leur politique de coopération internationale sur les ODD et contribuer à leur réalisation. Cela implique de travailler à la réduction de la pauvreté, à l'éducation de qualité, à l'égalité des sexes, à la lutte contre le changement climatique, à la protection de l'environnement et à d'autres domaines prioritaires des ODD.

- *Programme d'action d'Addis-Abeba sur le financement du développement*

Le programme d'action d'Addis-Abeba, adopté en 2015, vise à mobiliser des ressources financières, techniques et technologiques pour soutenir le développement durable. Les pays en développement doivent mettre en œuvre les engagements pris dans le cadre de ce programme, y compris la mobilisation des ressources intérieures, l'amélioration de la gestion des finances publiques, l'attraction de l'investissement privé, la lutte contre l'évasion fiscale et l'amélioration de l'efficacité de l'aide au développement.

- *Accord de Paris sur le climat*

L'accord de Paris adopté en 2015, vise à limiter le réchauffement climatique en dessous de 2 degrés Celsius et à renforcer la résilience des pays aux effets du changement climatique. Les pays en développement doivent élaborer et mettre en œuvre des politiques et des mesures pour atténuer les émissions de gaz à effet de serre, s'adapter aux effets du changement climatique, mobiliser des financements climatiques et renforcer leurs capacités pour faire face aux défis climatiques.

- *Convention des Nations Unies sur les droits de l'homme :*

La Convention des Nations Unies sur les droits de l'homme, adoptée en 1948, établit les normes internationales en matière de respect et de protection des droits de l'homme. Les pays en développement doivent respecter et garantir les droits de l'homme de tous leurs citoyens et prendre des mesures pour prévenir les violations des droits de l'homme, promouvoir l'égalité des sexes, lutter contre la discrimination et renforcer les mécanismes de protection des droits de l'homme.

- *Accords commerciaux et régionaux à prendre en compte dans la politique*

La Guinée est partie à des accords commerciaux et régionaux qui définissent les règles et les engagements en matière de commerce international. Il doit respecter les obligations et les engagements pris dans le cadre de ces accords, promouvoir le commerce équitable, faciliter le commerce, réduire les barrières tarifaires et non tarifaires et renforcer leur participation aux chaînes de valeur mondiale.

Encadré 24 : Principaux accords à prendre en compte dans la politique de coopération internationale

La Guinée, en tant que pays en développement, doit prendre en compte plusieurs accords commerciaux et régionaux dans sa politique de coopération internationale. Dans ce registre, les accords ci-dessous, peuvent être mentionnés.

- *Accord de partenariat économique (APE) avec l'Union européenne*

La Guinée est membre de la Communauté économique des États de l'Afrique de l'Ouest (CEDEAO) et fait partie du groupe de pays ACP (Afrique, Caraïbes, Pacifique) qui négocie des accords de partenariat économique avec l'Union européenne (UE). L'adhésion à un APE permet à la Guinée de bénéficier d'un accès préférentiel au marché de l'UE pour ses produits et de promouvoir le commerce et l'investissement.

- *Accord de libre-échange continental africain (ZLECAf) :*

La Guinée est également membre de l'Union africaine (UA) et a signé l'Accord de libre-échange continental africain. Cet accord vise à créer une zone de libre-échange en Afrique, en éliminant progressivement les barrières tarifaires et non tarifaires au commerce entre les pays africains. La participation à cet accord peut ouvrir de nouvelles opportunités commerciales pour la Guinée et stimuler la croissance économique.

- *Accords de libre-échange régionaux :*

La Guinée peut également envisager de rejoindre des accords de libre-échange régionaux au sein de la CEDEAO. Ces accords visent à promouvoir le commerce intrarégional en réduisant les barrières commerciales et en harmonisant les réglementations. La participation à ces accords peut aider la Guinée à développer ses échanges commerciaux avec ses voisins et à renforcer l'intégration régionale.

- *Système de préférences généralisées (SPG) :*

La Guinée peut également bénéficier du SPG, un système mis en place par de nombreux pays développés pour accorder des préférences tarifaires aux pays en développement. Le SPG permet à la Guinée d'exporter certains produits vers ces pays à des tarifs préférentiels, ce qui peut favoriser la compétitivité de ses exportations.

Il est essentiel pour la Guinée de prendre en compte ces accords commerciaux et régionaux dans sa politique de coopération internationale. Cela permettra au pays de bénéficier d'un accès préférentiel aux marchés internationaux, de renforcer ses échanges commerciaux, d'attirer des investissements et de stimuler la croissance économique. Cependant, il est également important de s'assurer que la participation à ces accords est alignée sur les priorités nationales et contribue au développement durable et inclusif de la Guinée.

6.3.1.5. Piliers stratégiques de la politique

La Guinée devra définir une politique de coopération internationale efficace et orientée vers le développement durable. Cela permettra de mobiliser les ressources nécessaires, de renforcer les capacités nationales, de promouvoir la croissance économique et d'améliorer les conditions de vie de la population guinéenne. À cet égard, la politique de coopération internationale, devra reposer sur les piliers stratégiques, déclinés ci-dessous.

- *Mobilisation des ressources financières*

La politique de coopération internationale doit avoir pour finalité de mobiliser des ressources financières suffisantes pour soutenir les initiatives de développement national. Cela peut inclure la recherche de financements extérieurs tels que les prêts concessionnels, les subventions et les investissements directs étrangers. Il est également important de promouvoir la mobilisation des ressources internes à travers une politique fiscale adéquate et la lutte contre l'évasion fiscale.

- *Renforcement des capacités institutionnelles*

La politique de coopération internationale doit mettre l'accent sur le renforcement de ses institutions nationales pour assurer une gouvernance efficace et transparente. Cela implique de renforcer les capacités des ministères et des organismes gouvernementaux, d'améliorer la coordination entre les différents acteurs et de promouvoir la participation citoyenne dans la prise de décisions.

- *Promotion du commerce et de l'investissement*

La politique de coopération internationale doit chercher à promouvoir le commerce international et l'investissement étranger pour stimuler la croissance économique et créer des emplois. Cela peut être réalisé par la participation à des accords commerciaux régionaux et internationaux, la facilitation du commerce transfrontalier, l'amélioration du climat des affaires et la promotion des secteurs clés tels que l'agriculture, les ressources naturelles et le tourisme.

- *Développement des infrastructures et des services de base*

La politique de coopération internationale doit accorder une attention particulière au développement des infrastructures telles que les routes, les ports, les aéroports, l'énergie, l'eau potable et les services de télécommunications. Cela nécessite des investissements importants et une collaboration avec des partenaires internationaux pour mobiliser les ressources nécessaires et apporter une expertise technique.

- *Protection de l'environnement et lutte contre le changement climatique*

La Guinée doit intégrer des mesures de protection de l'environnement et d'adaptation au changement climatique dans sa politique de coopération internationale. Cela peut inclure la promotion des énergies renouvelables, la préservation des écosystèmes fragiles, la gestion durable des ressources naturelles et la sensibilisation à la protection de l'environnement.

- *Renforcement des secteurs sociaux*

La politique de coopération internationale doit accorder une attention particulière au renforcement des secteurs sociaux tels que la santé et l'éducation. Cela implique d'investir dans les infrastructures et les ressources humaines, de promouvoir l'accès équitable aux services de santé et d'éducation, et de renforcer les systèmes de santé et d'éducation pour garantir des services de qualité pour tous.

6.3.1.6. Domaines de coopération

La Guinée peut considérer les domaines de coopération ci-après dans sa politique de coopération internationale en fonction des priorités nationales et des besoins spécifiques du pays.

- *Développement économique*

La Guinée peut promouvoir la coopération internationale dans le domaine du développement économique en attirant les investissements étrangers, en renforçant les capacités entrepreneuriales, en développant les infrastructures, en favorisant le commerce international et en promouvant les secteurs clés tels que l'agriculture, l'industrie, le tourisme, les mines et l'énergie.

- *Santé*

La Guinée peut chercher la coopération internationale pour améliorer les services de santé et renforcer les systèmes de santé. Cela peut inclure la lutte contre les maladies infectieuses, l'amélioration de l'accès aux soins de santé de base, le renforcement des capacités des professionnels de la santé, la promotion de la santé reproductive et maternelle, et la mise en place de programmes de prévention et de contrôle des maladies.

- *Éducation*

La Guinée peut bénéficier de la coopération internationale dans le domaine de l'éducation en renforçant les systèmes éducatifs, en améliorant l'accès à l'éducation de qualité, en formant les enseignants, en développant les infrastructures scolaires et en promouvant l'éducation pour tous, y compris l'éducation des filles et des jeunes filles.

- *Agriculture et sécurité alimentaire :*

La Guinée peut chercher la coopération internationale pour développer le secteur agricole, améliorer les techniques de production, renforcer la sécurité alimentaire, promouvoir l'agro-industrie et soutenir les petits agriculteurs. Cela peut également inclure la gestion durable des ressources naturelles, la préservation de la biodiversité et l'adaptation aux changements climatiques.

- *Gouvernance et droits de l'homme :*

La Guinée peut promouvoir la coopération internationale dans le domaine de la gouvernance et des droits de l'homme en renforçant les institutions démocratiques, en promouvant l'état de droit, en luttant contre la corruption, en renforçant les capacités des acteurs de la société civile et en promouvant les droits de l'homme, y compris les droits des femmes et des groupes marginalisés.

- *Environnement et développement durable :*

La Guinée peut chercher la coopération internationale pour promouvoir la protection de l'environnement, la gestion durable des ressources naturelles, la lutte contre les changements climatiques, la gestion des déchets, la préservation de la biodiversité, et le développement des énergies propres et renouvelables.

- *Infrastructures*

La coopération internationale dans le domaine des infrastructures contribue au développement économique des pays participants en facilitant le transport des marchandises, en améliorant l'efficacité logistique et en stimulant les investissements étrangers. Elle favorise également la connectivité à travers le développement des réseaux de transport routiers, ferroviaires, maritime et aérien, et la construction les infrastructures numériques. La coopération internationale peut permettre par ailleurs, de doter le pays bénéficiaire d'infrastructures résilientes aux catastrophes naturelles.

6.3.1.7. Instruments de la politique

La Guinée peut utiliser différents instruments dans sa politique de coopération internationale pour atteindre ses objectifs de développement.

- *Accords de coopération bilatérale*

La Guinée peut conclure des accords de coopération bilatérale avec d'autres pays pour promouvoir le partenariat dans des domaines spécifiques tels que le commerce, l'investissement, l'éducation, la santé, l'agriculture, l'énergie, etc. Ces accords permettent d'établir des cadres de coopération mutuellement bénéfiques et de faciliter les échanges et les transferts de connaissances.

- *Partenariats stratégiques*

La Guinée peut établir des partenariats stratégiques avec des organisations régionales et internationales telles que l'Union africaine, la Communauté économique des États de l'Afrique de l'Ouest, les Nations Unies, la Banque mondiale, le Fonds monétaire international, la Banque africaine de développement, etc. Ces partenariats peuvent offrir un soutien financier, technique et institutionnel dans divers domaines de développement.

- *Programmes de coopération technique*

La Guinée peut bénéficier de programmes de coopération technique offerts par des pays et des organisations internationales. Ces programmes fournissent une assistance technique, des formations et des échanges d'expertise dans des domaines tels que l'agriculture, la santé, l'éducation, l'infrastructure, etc. Ils contribuent au renforcement des capacités nationales et à l'amélioration des services.

- *Financements extérieurs*

La Guinée peut accéder à des financements extérieurs tels que les prêts concessionnels, les subventions et les dons pour financer ses projets de développement. Ces financements peuvent provenir de sources bilatérales, multilatérales et privées. Il est important de mobiliser ces ressources de manière transparente et de les utiliser de manière efficace pour maximiser les impacts positifs.

- *Dialogue politique*

La Guinée peut participer à des dialogues politiques avec d'autres pays et organisations internationales pour promouvoir ses intérêts et partager ses perspectives sur des questions d'intérêt commun, telles que la gouvernance, les droits de l'homme, la paix et la sécurité. Ces dialogues permettent de renforcer les relations internationales et de promouvoir la coopération dans divers domaines.

- *Diplomatie économique*

La Guinée peut utiliser la diplomatie économique pour attirer les investissements étrangers, promouvoir le commerce international et renforcer les partenariats économiques. Cela peut inclure la participation à des foires commerciales et des missions économiques, la promotion des opportunités d'investissement, la facilitation des échanges commerciaux et la promotion du tourisme.

En utilisant ces instruments de manière stratégique et coordonnée, la Guinée peut renforcer sa politique de coopération internationale et mobiliser les ressources nécessaires pour soutenir son développement économique, social et environnemental.

6.3.1.8. Suivi et évaluation de la politique

Pour assurer le suivi et l'évaluation de sa politique de coopération internationale, la Guinée peut mettre en place les dispositifs suivants :

- *Cadre de suivi et d'évaluation*

Un cadre de suivi et d'évaluation clair et cohérent est nécessaire pour assurer le suivi et l'évaluation de la politique de coopération internationale. Ce cadre doit définir les objectifs, les indicateurs de performance, les cibles et les méthodes de collecte de données pour chaque domaine de coopération. Il doit également préciser les responsabilités et les mécanismes de coordination entre les différents acteurs impliqués.

- *Collecte de données*

La Guinée doit mettre en place des systèmes efficaces de collecte de données pour suivre les progrès réalisés dans la mise en œuvre de sa politique de coopération internationale. Cela peut inclure la collecte de données quantitatives et qualitatives sur les différents projets et programmes, ainsi que la réalisation d'enquêtes, d'évaluations et d'études pour évaluer l'impact des interventions.

- *Mécanismes de coordination*

Le bon fonctionnement du cadre de suivi et d'évaluation requiert, des mécanismes de coordination entre les différents acteurs impliqués dans la mise en œuvre de sa politique de coopération internationale. Cela peut inclure la création d'un comité interministériel chargé de superviser et de coordonner les activités de coopération, ainsi que la mise en place de mécanismes de consultation et de dialogue avec les partenaires internationaux.

- *Évaluation régulière*

La Guinée doit effectuer des évaluations régulières de sa politique de coopération internationale pour évaluer son efficacité, son efficience et son impact. Ces évaluations peuvent être réalisées par des équipes d'experts internes ou externes et doivent prendre en compte les perspectives des bénéficiaires et des partenaires de coopération. Les résultats des évaluations doivent être utilisés pour apporter des ajustements et améliorer la mise en œuvre de la politique.

- *Transparence et redevabilité*

La promotion de la transparence et de la redevabilité sont indispensables à la mise en œuvre de la politique de coopération internationale. Cela implique de rendre compte régulièrement des progrès réalisés, de publier des rapports et des données sur les activités de coopération, et d'impliquer les parties prenantes dans le processus de suivi et d'évaluation. Il est également important de mettre en place des mécanismes de gestion des plaintes et de résolution des conflits.

En mettant en place ces dispositifs, la Guinée pourra assurer un suivi et une évaluation efficaces de sa politique de coopération internationale, ce qui permettra d'identifier les lacunes, de maximiser les impacts positifs et d'apporter les ajustements nécessaires pour atteindre les objectifs de développement fixés.

CONCLUSION

Avec le présent manuel, les acteurs de la chaîne PPBSE disposent d'un référentiel théorique et pratique pour exercer pleinement les fonctions de gestion du développement. Rédigé dans un but didactique, le manuel contient des indications méthodologiques pour les aider à : (i) réaliser une étude nationale prospective (ENP) ; (ii) élaborer un plan national de développement (PND) ainsi qu'un programme national d'investissement PNI ; (iii) préparer et organiser un groupe consultatif ou une table ronde pour mobiliser le financement extérieur ; et (iv) formuler une politique nationale en matière de coopération internationale.

La portée théorique de ce référentiel tient à l'accent mis sur les concepts clés de la gestion du développement. Ainsi, grâce au contenu de ce manuel, le lecteur peut mieux comprendre comment le développement originellement qualifié d'économique, a évolué pour devenir successivement socio-économique, puis durable. Il peut également faire la distinction entre un modèle de développement et un schéma de croissance. Il comprendra par-là, l'actualité des modèles de changements structurels et des schémas de croissance équilibrée et de croissance verte : une croissance économiquement efficace et durable, mais aussi solidaire et inclusive.

Le manuel s'est attaché, toujours sous le volet théorique, à présenter les deux approches de gestion du développement, généralement suivies dans la pratique. Il s'agit de l'approche systémique et de l'approche fonctionnelle. L'approche systémique conçoit la gestion du développement comme l'articulation de quatre systèmes interdépendants : le SSN, la GFP, le SSE et le SNP. Tandis que l'approche fonctionnelle, conçoit la gestion du développement, comme une chaîne : la chaîne, planification, programmation, budgétisation, suivi et évaluation (PPBSE).

Cette dernière approche dénote le caractère cyclique de la gestion du développement et la nécessité de l'assortir d'une temporalité. C'est ainsi que le manuel préconise un cycle de 30 ans. Ce qui correspond, par instrument de PPBSE, aux horizons, ci-après : (i) 30 ans pour l'ENP, et donc, pour la vision ; (ii) 15 ans pour le CDLT, soit 2 réajustements des orientations stratégiques, dans un cycle de 30 ans ; (iii) 6 à 10 ans pour toute politique sectorielle ; et (iv) 10 ans, pour les SAT : soit 3 générations de cet instrument, à l'intérieur d'un cycle ; et (v) 5 ans, pour le PND, de façon à élaborer 6 plans nationaux de développement dans un cycle.

L'apport du manuel également sur le plan théorique, est la clarification des concepts de vision nationale, d'une part et d'instruments de PPBSE d'autre part. Le lecteur sait désormais, que la vision nationale est le résultat d'une réflexion prospective, et qu'elle est l'image projetée du pays par la collectivité, sur un horizon de 25 ou 30 ans (idéalement). Les instruments de PPBSE sont élaborés pour concrétiser cette vision qui, autrement, ne serait qu'une utopie. Il s'agit : (i) des instruments de planification, (ii) des instruments de programmation ; (iii) des instruments de budgétisation (iv) des instruments de suivi et d'évaluation.

L'utilisateur du manuel dispose de définitions précises pour catégoriser ces différents instruments. Ainsi, au sens du présent ouvrage, les instruments de planification sont : le CDLT et les politiques sectorielles en tant que composantes des politiques publiques de développement. Les instruments de programmation sont : les SAT et les PND. Les instruments de budgétisation sont : le CBMT, les Stratégies Sectorielles/Ministérielles, les CDMT, et les PIP. Les instruments de suivi et d'évaluation sont : les Projets et rapports Annuels de Performance (RAP/PAP).

La portée pratique du présent manuel tient à l'accent mis sur mes réalisations, en l'occurrence les réformes engagées et les différents processus techniques mis en œuvre. Le lecteur dispose par-là, d'éléments pour mieux cerner : le contexte et le bien-fondé des réformes institutionnelles initiées dans les domaines de la planification, de la programmation, de la statistique, du suivi et de l'évaluation. En outre, le passage en revue des différents processus techniques de la gestion du développement, lui permet de mieux appréhender :

- *S'agissant de la prospective,*

– les deux phases d'une ENP à savoir : la construction de la base de la réflexion prospective (phase 1) ; et la construction de la vision puis des options stratégiques (phase 2) ;

– les principales méthodes de l'ENP que sont : l'approche systémique, la méthode des scénarios, les méthodes statistiques, les méthodes de prévision et la méthode de l'histoire raisonnée ;

– les outils utilisés pour la réalisation de l'ENP, notamment : (i) l'outil MICMAC pour l'identification des variables essentielles à l'évolution du système ; et (ii) l'outil MACTOR, pour la mise en évidence des jeux acteurs ;

– les quatre scénarios d'évolution du système-Guinée, à savoir : (i) le scénario « Guinée, paradoxe et opportunités ratée » ; (ii) le scénario « Guinée, l'éclipse totale » ; (ii) le scénario « Guinée, pays en mutation » ; et (iv) le scénario « Guinée émergente et prospère »;

– la Vision à laquelle aspirent les Guinéens à l'horizon 2040, celle d'un pays émergent et prospère, maître de son destin, assurant un niveau élevé de bien-être à ses populations et garantissant l'avenir des générations futures;

– les finalités attachées à cette Vision ainsi que ses phases d'opérationnalisation consistant en des séquences quinquennales dont la première fut la période 2016-2020 et la dernière sera la période 2036-2040.

- *S'agissant de la planification à moyen terme,*

– la place de l'élaboration du PND dans le cycle de gestion du développement ; les objectifs et produits attendus du processus ; les prérequis conceptuels, et la spécification du modèle logique d'un PND ; et

– les différentes phases d'élaboration d'un PND, que sont : l'analyse de la situation de référence (phase 1) ; le cadrage stratégique (phase 2) ; le cadrage des résultats (phase 3) ; le cadrage macroéconomique (phase 4), le cadrage budgétaire (phase 5) ; le cadrage programmatique ((phase 6) ; le bouclage du processus (phase 7) ; et la mise en œuvre, le suivi et l'évaluation (phase 8).

- *S'agissant de la gestion des investissements publics (GIP)*

– les notions de programmation, d'investissement et d'investissement public ;

– la démarche d'élaboration du PNI consistant en un double cadrage : un cadrage macroéconomique et un cadrage programmatique ;

– les conclusions des travaux analytiques réalisés dans le domaine de la GIP à savoir : (i) l'état des lieux de la GIP ; complété par (ii) l'évaluation des dépenses d'investissement suivant la méthodologie *PIMA* (Public Investment Management Assessment) ; et

– le renforcement des capacités en GIP articulé autour des actions ci-après : (i) le recentrage institutionnel de la GIP ; (ii) la mise en place du Système Intégré de Gestion du PIP (SIGPIP) ; (iii) le développement d'outils de GIP ; et (iv) l'élaboration et la mise en œuvre d'un programme pluriannuel de formation.

- *S'agissant de la mobilisation des ressources extérieures,*

– les principaux résultats du Groupe Consultatif tenu sur le PNDES 2016-2020, en particulier : (i) le rappel des annonces du Groupe Consultatif de Paris ; et (ii) l'état de mobilisation de concrétisation desdites annonces à fin décembre 2020 ;

- les concepts de groupe consultatif notamment : (i) l'approche de GC sur le PNDES ; (ii) les rôles, la genèse et l'évolution du concept : et (iii) les distinctions entre groupe consultatif et table ronde de bailleurs de fonds ;
- la définition et les différents types de coopération internationale à savoir : coopération multilatérale, bilatérale, sud-sud et triangulaire ; coopération avec le secteur privé et coopération avec la société civile ;
- les grandes lignes d'une politique de coopération internationale à travers : (i) les principes et valeurs devant guider la politique de coopération internationale ; (iii) les engagements internationaux sur lesquels cette politique doit s'aligner ; (iv) les piliers stratégiques de la politique de coopération internationale ; (v) les instruments de cette politique ; et (vi) ses modalités de suivi et d'évaluation.

Par ailleurs, l'utilisateur du manuel dispose également d'indications méthodologiques précises pour :

- formaliser la création d'une commission nationale de développement (CND) ;
- ébaucher une nomenclature des secteurs de planification ;
- mettre en œuvre une approche sectorielle ou SWAp ;
- caractériser un État développementaliste ;
- adopter une approche systémique ou fonctionnelle de gestion du développement ;
- élaborer une politique nationale de gestion du développement ; et
- rédiger le manuel des procédures de PPBSE.

RÉFÉRENCES BIBLIOGRAPHIQUES

ACKOFF, Russel, Lincoln. *Méthode de planification dans l'entreprise.* Éditions de l'organisation (1973)

ALONSO, José, Antonio, GLENNIE, Jonathan. *Qu'est-ce que la coopération pour le développement*. Nations Unies ; Département des affaires économiques et sociales ? Notes politiques du Forum pour la coopération en matière de développement – 2016

AVALLONE, Nathalie, NICOLAS, Françoise. *Diversité des « profils de croissance » Essai de typologie des pays en développement.* Maghreb et sciences sociales 2008

BADOUIN, Robert. *Où en est la réforme de l'économie de traite en Afrique noire ?* In : Tiers-Monde, tome 8, n° 32, 1967. L'Espagne à l'heure du développement. pp. 1209-1216

Banque mondiale. *Renforcement des capacités d'évaluation : Suivi et évaluation : Quelques outils, méthodes et approches.* Département de l'évaluation des opérations ; 2004

BELEM, Gisèle. *Du développement au développement durable : cheminement, apports théoriques et contribution des mouvements sociaux.* École des sciences de la gestion Université du Québec à Montréal. Les cahiers de la CRSDD • collection recherche ; No 06-2010

BOARINI, Romina, Åsa, Johansson, d'ERCOLE, Marco, Mira. *Les indicateurs alternatifs du bien-être.* Cahiers Statistiques. OCDE. Septembre 2006

BOYER, Robert. *État, Marché et Développement : Une nouvelle synthèse pour le XXIe siècle ?* Novembre 1998

CARTELIER, Jean. *A propos du "Schéma Théorique d'Accumulation et de Répartition* (S.T.A.R.)". In : Cahiers d'économie politique, n° 4, 1977. Agriculture et capitalisme. Différenciation des taux de profit. Concurrence et groupes financiers. Travail, valeur, prix et accumulation. pp. 169-184

CHAPONNIERE, Jean-Raphaël, LAUTIER, Marc. *Le modèle de développement de l'Asie de l'est.* Recherches internationales, n° 98, Janvier-mars 2014, pp. 121-146

Commission économique pour l'Afrique et Union Africaine. *Gérer le développement : Le rôle de l'État dans la transformation économique.* Rapport économique sur l'Afrique 2011.

Coopération Suisse. *L'ABC de la politique de Développement.* Département fédéral des affaires étrangères (DFAE), (2011)

COURLET, Claude, JUDET, Pierre. *Industrialisation et développement : la crise des paradigmes.* In : Tiers-Monde, tome 27, n° 107, 1986. La nouvelle industrialisation du Tiers Monde. pp. 519-53

COURLET, Claude. *L'analyse de l'industrialisation du Tiers Monde : acquis théoriques et modalités d'une remise en cause.* In : Tiers-Monde, tome 29, n° 115, 1988. Industrialisation et développement. Modèles, expériences, perspectives. pp. 639-664 ;

CROISSANT, Yves, VORNETTI, Patricia. *État, marché et concurrence : Les motifs de l'intervention publique.* Concurrence et régulation des marchés. Cahiers français N° 313.

DEMANGEL, Pierre. *Le suivi de la performance : Aspects de la mise en œuvre du budget par objectifs.* (Présentation)

DEUBEL, Philippe. *Analyse économique et historique des sociétés contemporaines.* Chapitre 12, Les stratégies de développement - 2008 Pearson Education France

FAVREAU, Louis. *Théories et stratégies de développement au Sud : itinéraire de 1960 à aujourd'hui.* Université du Québec en Outaouais. Janvier 2004

GAMBACURTA-SCOPELLO, Ruggero. *Les régimes passent, l'état développementaliste demeure : le cas de la Banque Nationale de Développement Économique et Social (BNDES) au Brésil.* L'Harmattan, 2017

GAULARD, Mylène. *Accumulation du capital et inégalités : Une approche comparée Chine/Brésil.* Économies et finances. Université Panthéon-Sorbonne - Paris I, 2008.

GODET, Michel. *Manuel de prospective stratégique. Tome 1 Une indiscipline Intellectuelle.* 3ème Éditions DUNOD

GODET, Michel. *Manuel de prospective stratégique. Tome 2 L'Art et la méthode.* 3ème Éditions DUNOD

GRASSI, Marie-Claire. *Autour de la notion de manuel.* In : Romantisme, 1997, n° 96. Le nouveau savoir-vivre. pp. 17-29 ;

GREFFET, Pierre, MAUROUX, Amélie, RALLE, Pierre, RANDRIAMBOLOLONA, Céline. *Définir et quantifier l'économie verte.* L'économie française, édition 2012.

HUGON, Philippe, SIDRIE, Olivier. *La crise de la planification africaine. Diagnostic et remèdes.* In : Tiers-Monde. 1987, tome 28 N° 110. Industrialisation, salarisation, secteur informel (sous la direction de Gérard Grellet) pp. 407-434

HUGON, Philippe. *Les relations entre Marché, marchés et développement.* In : Tiers-Monde, tome 38, n° 150, 1997. Vues du Sud (Le 150e numéro de la Revue Tiers Monde) pp. 447-456 ;

Institut Africain de la Gouvernance. *Activités de Dialogue, Plaidoyer politique et Réflexion opérationnelle. Thème : Quel(s) lien(s) entre État développementaliste et État capable ? Tentatives de réponse à partir des politiques publiques : l'exemple des politiques de santé.* Mai 2011

JACQUEMOT, Pierre. *Crise et renouveau de la planification du développement.* In : Tiers-Monde. 1984, tome 25 n° 98. pp. 245-268.

KERNEN, Antoine, PECLARD, Didier, MOHAMMAD, Guive, Khan. *Le retour de l'État développementaliste en Afrique ? (*Résumé*)*

LACHAUD, Jean-Pierre. *L'Économie du Développement dans une perspective historique.* Économie du développement, Licence Sciences Économiques - 2013-2014 ; Stratégies et décisions économiques

LUABEYA, Pacifique, Hippolyte. *État développementaliste capitaliste au XXe siècle et respect des droits humains.* Institut de Recherche et d'Enseignement sur la Paix. 2015

MARCUS, Vincent. *Les dimensions du bien-être : que nous apprennent les satisfactions exprimées ?* INSEE, Département des Études Économiques ; Colloque ACN 2008, session 1.

Nations Unies. *Institutions et prestations de services dans un État développementaliste.* Note d'orientation de la CEA ; No.

ECA/16/103. Contributions de Kaleb MIDEKSA et Gebremedhin TADESSE

Nations Unies. *Troisième Conférence internationale sur le financement du développement*. Addis-Abeba, 13-16 juillet 2015

OCDE. *Indicateurs alternatifs du bien-être*. Réformes économiques. Chapitre 6. 2006/1, N° 2, p. 133-148.

OUEDRAOGO, Eloi. *Intégration des statistiques agricoles et rurales dans les SNDS.*

OUEDRAOGO, Idrissa, Mohamed. *Concepts fondamentaux du développement*. Université de Ouaga II, Burkina Faso ; Juin 2009

PARIS 21. *De meilleures données pour de meilleurs résultats.* Statistiques. Document de synthèse. Troisième table ronde internationale sur la gestion axée sur les résultats dans le domaine du développement. Hanoi, Viet Nam ; 5 au 8 février 2007

PARIS 21. *Évaluer la réduction de la pauvreté : Le rôle de la Statistique dans le développement mondial.*

PARIS 21. *L'approche SNDS en bref : Stratégie Nationale de Développement de la Statistique.*

Programme des Nations Unies pour le Développement. *Planification nationale et planification locale.* République d'Haïti. Ministère du Plan et de la Coopération Économique (1999). *Réflexions préliminaires*

Programme des Nations Unies pour le Développement ; Groupe de la gouvernance démocratique. Bureau des politiques de développement (2006). *La gouvernance pour l'avenir : démocratie et développement dans les pays les moins avancés.*

République de Guinée. *Guide de maturation des projets d'investissement public.* Ministère du Plan et du Développement Économique (2021).

République de Guinée. *Guide pratique pour la conduite d'une étude de faisabilité de projets d'investissement public*. Ministère du Plan et du Développement Économique (2021).

République de Guinée. *L'énergie de l'émergence. Profil Pays.* Groupe Consultatif. PNDES 2016-2020. Paris, novembre 2017

République de Guinée. *Manuel de Gestion des Investissements Publics (GIP)*. Ministère du Plan et du Développement Économique (2021).

République de Guinée. *Plan National de Développement Économique et Social 2016-2020. Volume 1. Document principal.* Ministère du Plan et de la Coopération Internationale (2017).

République de Guinée. *Plan National de Développement Économique et Social. Volume 2. Note de présentation du Programme National d'Investissement.* Ministère du Plan et de la Coopération Internationale (2017).

République de Guinée. *Plan National de Développement Économique et Social. Volume 3. Annexes.* Ministère du Plan et de la Coopération Internationale (2017).

République de Guinée. *Système Intégré de Gestion du Programme d'Investissement Public SIGPIP. Volume 2 : Fiche de projet.* PNUD. CESS Institute, octobre 2018.

République de Guinée. *Système Intégré de Gestion du Programme d'Investissement Public SIGPIP. Volume 3 : Passation de marchés et exécution budgétaire.* PNUD. CESS Institute, octobre 2018.

République de Guinée. *Système Intégré de Gestion du Programme d'Investissement Public SIGPIP. Volume 4 : Format rapport de supervision.* PNUD. CESS Institute, octobre 2018.

République de Guinée. *Vision 2040, pour une Guinée émergente et prospère.* Ministère du Plan et de la Coopération Internationale (2017).

République de Guinée. *Arrêté A/2016/N*100/PM/CAB/SGG/Portant Création, Composition et Fonctionnement de la Commission Nationale de Planification.* Primature.

République de Guinée. *L'énergie de l'émergence. Narratif d'ensemble.* Groupe Consultatif. PNDES 2016-2020. Paris, novembre 2017

République de Guinée. *Manuel de suivi-évaluation*. Ministère du Plan et du Développement Économique (2021).

République de Guinée. *Système Intégré de Gestion du Programme d'Investissement Public SIGPIP. Volume 1 : Manuel de l'utilisateur.* PNUD. CESS Institute, octobre 2018.

République de Madagascar. *Diagnostics des mécanismes institutionnels de Planification et de Programmation des Investissements Publics. RAPPORT N° 2 (Version provisoire).* Ministère de l'Économie, des Finances et du Budget. Décembre 2004

République du Mali. *Guide méthodologique d'élaboration du schéma d'aménagement et de développement de cercle.* Ministère de l'Économie et des Finances. Programme des Nations Unies pour le Développement. Juillet 2001

République du Burkina Faso. *Dispositif de suivi évaluation des sous-secteurs de l'Approvisionnement en Eau Potable et de l'Assainissement des Eaux Usées et Excreta.* Ministère de l'Agriculture, des Ressources Hydrauliques, de l'Assainissement et de la Sécurité Alimentaire. Manuel de suivi évaluation (2015)

République du Cameroun. *Guide méthodologique de planification stratégique au Cameroun.* Ministère de la planification, de la programmation du développement et de l'aménagement du territoire. Octobre 2006

République du Cameroun. *Guide méthodologique de planification stratégique au Cameroun.* Ministère de la planification, de la programmation du développement et de l'aménagement du territoire. Édition 2011

République Française. *Développement durable et solidarité internationale. Enjeux, bonnes pratiques, proposition pour un développement durable du Sud et du Nord.* Premier ministre. Haut Conseil de la Coopération Internationale (2006). Document réalisé par NICOLAS, Yveline. Adéquations.

SENE, Dominique. *Du rôle et de la responsabilité de l'État dans le développement économique et le bien-être social au Sénégal.* Sciences et actions sociales [en ligne], N° 5 | 2016

SOULEY, Abdoulaye, Niandou. *Ajustement structurel et effondrement des modèles idéologiques : Crise et renouveau de l'État africain.* Études internationales 1991

THURBON, Elizabeth. *L'État développeur : défense du concept.* Presses de Sciences Po | « Critique internationale » 2014/2 N° 63 | pages 59 à 75

WILLETT, Gilles. *Paradigme, théorie, modèle, schéma : qu'est-ce donc ?* Communication et organisation. Éditeur Presses universitaires de Bordeaux *1996.*

TABLE DES MATIÈRES

Structures éditoriales du groupe L'Harmattan

L'Harmattan Italie
Via degli Artisti, 15
10124 Torino
harmattan.italia@gmail.com

L'Harmattan Hongrie
Kossuth l. u. 14-16.
1053 Budapest
harmattan@harmattan.hu

L'Harmattan Sénégal
10 VDN en face Mermoz
BP 45034 Dakar-Fann
senharmattan@gmail.com

L'Harmattan Cameroun
TSINGA/FECAFOOT
BP 11486 Yaoundé
inkoukam@gmail.com

L'Harmattan Burkina Faso
Achille Somé – tengnule@hotmail.fr

L'Harmattan Guinée
Almamya, rue KA 028 OKB Agency
BP 3470 Conakry
harmattanguinee@yahoo.fr

L'Harmattan RDC
185, avenue Nyangwe
Commune de Lingwala – Kinshasa
matangilamusadila@yahoo.fr

L'Harmattan Congo
67, boulevard Denis-Sassou-N'Guesso
BP 2874 Brazzaville
harmattan.congo@yahoo.fr

L'Harmattan Mali
Sirakoro-Meguetana V31
Bamako
syllaka@yahoo.fr

L'Harmattan Togo
Djidjole – Lomé
Maison Amela
face EPP BATOME
ddamela@aol.com

L'Harmattan Côte d'Ivoire
Résidence Karl – Cité des Arts
Abidjan-Cocody
03 BP 1588 Abidjan
espace_harmattan.ci@hotmail.fr

L'Harmattan Algérie
22, rue Moulay-Mohamed
31000 Oran
info2@harmattan-algerie.com

L'Harmattan Maroc
5, rue Ferrane-Kouicha, Talaâ-Elkbira
Chrableyine, Fès-Médine
30000 Fès
harmattan.maroc@gmail.com

Nos librairies en France

Librairie internationale
16, rue des Écoles – 75005 Paris
librairie.internationale@harmattan.fr
01 40 46 79 11
www.librairieharmattan.com

Librairie l'Espace Harmattan
21 bis, rue des Écoles – 75005 paris
librairie.espace@harmattan.fr
01 43 29 49 42

Lib. sciences humaines & histoire
21, rue des Écoles – 75005 paris
librairie.sh@harmattan.fr
01 46 34 13 71
www.librairieharmattansh.com

Lib. Méditerranée & Moyen-Orient
7, rue des Carmes – 75005 Paris
librairie.mediterranee@harmattan.fr
01 43 29 71 15

Librairie Le Lucernaire
53, rue Notre-Dame-des-Champs – 75006 Paris
librairie@lucernaire.fr
01 42 22 67 13

www.ingramcontent.com/pod-product-compliance
Lightning Source LLC
LaVergne TN
LVHW011018061026
849535LV00006B/1935
* 9 7 8 2 3 3 6 4 8 2 6 5 1 *